Sun Tzu

A ARTE DA GUERRA

Plus

Estratégia para Gerentes de Vendas

Sun Tzu
A
ARTE
DA
GUERRA

Plus

Estratégia para
Gerentes de Vendas

por Gary Gagliardi

M. Books do Brasil Editora Ltda.
Rua Jorge Americano, 61 - Alto da Lapa
05083-130 - São Paulo - SP - Telefones: (11) 3645-0409/(11) 3645-0410
Fax: (11) 3832-0335 - e-mail: vendas@mbooks.com.br

Dados de Catalogação na Publicação
Gagliardi, Gary
Sun Tzu – A Arte da Guerra – Estratégia para Gerentes de Vendas
2009 – São Paulo – M.Books do Brasil Editora Ltda

1. Vendas   2. Marketing   3. Administração

ISBN: 978-85-7680-059-0

Do original: Sun Tzu's The Art of War Plus Strategy for Sales Managers
© 2005 Gary Gagliardi. Original em inglês publicado pela Clearbridge Publishing.
© 2009 M.Books do Brasil Editora Ltda. Todos os direitos reservados. Proibida a reprodução total ou parcial. Os infratores serão punidos na forma da lei. Direitos exclusivos cedidos à M.Books do Brasil Editora Ltda.

EDITOR: MILTON MIRA DE ASSUMPÇÃO FILHO

Tradução: Elaine Pepe
Produção Editorial: Beatriz Simões Araújo
Coordenação Gráfica: Silas Camargo
Capa e Editoração: Crontec

Nota do Editor

A Série A ARTE DA GUERRA, Sun Tzu, do autor Gary Gagliardi, publicada pela M.Books, é composta de seis livros:

SUN TZU • A ARTE DA GUERRA – A ARTE DO MARKETING
SUN TZU • A ARTE DA GUERRA – A ARTE DAS CARREIRAS PROFISSIONAIS
SUN TZU • A ARTE DA GUERRA – A ARTE DAS VENDAS
SUN TZU • A ARTE DA GUERRA – A ARTE DAS PEQUENAS EMPRESAS
SUN TZU • A ARTE DA GUERRA – A ARTE DA ADMINISTRAÇÃO E NEGÓCIOS
SUN TZU • A ARTE DA GUERRA – ESTRATÉGIA PARA GERENTES DE VENDAS

O autor Gary Gagliardi traduziu o texto original de Sun Tzu interpretando-o especificamente para cada um dos temas. Isso ocasiona a repetição do texto original em cada um dos livros. A página par é sempre a tradução do texto original e a página ímpar é sempre a interpretação do autor ao tema específico do livro. Todos os livros desta Série *A Arte da Guerra* seguem este padrão editorial.

Sumário

A Arte da Guerra e Estratégia para Gerentes de Vendas

	Prefácio: Uma Força de Vendas Invencível 9
	Introdução: Estratégia como um Processo 19
1	Análise 25
	Posição Estratégica de Vendas 27
2	Empreendendo a Guerra 37
	O Segredo de Vendas Rentáveis 39
3	Planejando um Ataque 47
	O Foco de sua Campanha de Vendas 49
4	Posicionando-se 57
	Protegendo e Avançado 59
5	Momentum 67
	Motivando sua Força de Vendas 69
6	Fraqueza e Força 77
	Oportunidades de Expansão 79
7	Conflito Armado 91
	Política da Empresa 93
8	Adaptabilidade 103
	Decisões Cruciais 105
9	Marcha Armada 111
	Sobrepujando os Concorrentes 113
10	Posição no Campo 129
	Direcionando a Equipe de Vendas 131
11	Tipos de Terrenos 145
	Desafios de Gestão 147
12	Atacando com Fogo 169
	Vulnerabilidade dos Concorrentes 171
13	Usando Espiões 179
	O Poder da Informação 181

Prefácio

Uma Força de Vendas Invencível

Quando, pela primeira vez, eu tive contato com *A Arte da Guerra* de Sun Tzu, era um vendedor mediano, ou talvez um pouquinho pior que mediano, pois sou naturalmente um pouco preguiçoso. Apesar de minhas limitações, depois que comecei a dominar os princípios estratégicos de Sun Tzu, tornei-me o melhor vendedor em todas as empresas em que trabalhei. Como conseqüência, fui promovido a gerente de vendas. Embora nem todos os bons vendedores necessariamente acabem sendo bons gerentes de vendas, eu tive sorte. Achei que o entendimento de estratégia que acumulei estudando Sun Tzu era ainda mais valioso em um cargo de gerência. Na época, eu trabalhava na Bic Pen e, no primeiro ano, ganhei o prêmio de *zone manager* da empresa, o que incluía um belo relógio de pêndulo que eu ainda tenho comigo.

Passados alguns anos, eu tive minha própria empresa e minha própria equipe de vendas. A primeira coisa que eu fiz foi escrever uma adaptação dos princípios de Sun Tzu para minha equipe, um livro chamado *A Arte das Vendas*. Mais uma vez, o efeito foi significativo. Nossa empresa de software começou a crescer a uma taxa de 40% ao ano, aparecendo na lista da revista *Inc.* como uma das 500 empresas privadas de maior crescimento dos Estados Unidos. Além disso, começamos a ganhar uma série de prêmios, como o Prêmio de Qualidade Blue Chip da Câmara de Comércio dos Estados Unidos.

À medida que comecei a contratar gerentes de vendas de nossos principais concorrentes, percebi que, embora eles possuíssem certas habilidades e conhecimento do setor, faltava-lhes o treinamento estratégico que lhes teria permitido obter êxito com consistência. Infelizmente, também descobri que, via de regra, era difícil fazê-los mudar seus hábitos por causa de seu histórico de sucesso. No final, eu usava esses gerentes de vendas mais experientes por causa de seus contatos no setor, mas treinava os mais jovens, os mais ambiciosos – e que sabiam pensar de forma mais estratégica – para substituí-los.

Conforme o sucesso de nossa empresa aumentava, revistas como *PC Week* escreviam sobre como utilizávamos os princípios de Sun Tzu nos negócios. Nossos clientes, empresas como AT&T, GE e Motorola, começaram a me pedir para falar sobre estratégia clássica, treinando tanto a equipe de vendas quanto os gerentes de vendas. Quando vendi minha empresa de software em 1997 e me tornei financeiramente independente, continuei a dar treinamento para os departamentos de vendas sobre como pensar de maneira mais estratégica. Empresas como IBM, 3M e American Express compraram dezenas de milhares de exemplares de nossa adaptação para vendas de *A Arte da Guerra* de Sun Tzu nos últimos anos.

Um livro similar para gerentes de vendas é uma extensão natural desse trabalho. Os gerentes de vendas são o público ideal para os ensinamentos de Sun Tzu. Os vendedores são oficiais nas linhas de frente da batalha, mas os gerentes de vendas são os generais do mundo dos negócios. Todos os oficiais precisam entender de estratégia, mas Sun Tzu escreveu *A Arte da Guerra* para o general em comando.

Estratégias para Gerentes de Vendas trata das questões estratégicas mais abrangentes, de longo prazo, que os gerentes de vendas devem abordar porque os vendedores não podem fazer isso. O pessoal de vendas gerencia o relacionamento com os clientes, mas os gerentes de vendas devem administrar a equipe de vendas, uma tarefa muito mais assustadora. Os princípios deste livro para os gerentes de vendas podem ser usados em conjunto com *A Arte das Vendas*, o que dará a todo o departamento de vendas um conhecimento consistente da estratégia na área.

O que é a ciência da estratégia para um gerente de vendas? Apesar de comumente usarmos o termo "estratégia" como um sinônimo aproximado de planejamento ou até de uma boa idéia, Sun Tzu ensina que estratégia é um processo, não apenas um plano. O processo é científico porque produz resultados consistentes. Sun Tzu mostrou que o planejamento por si só não funciona, pois os ambientes competitivos são muito complexos, mudam rapidamente e são imprevisíveis para planos rígidos e de longo prazo.
Ao contrário, ele ensinou um processo simples para produzir resultados replicáveis em diversas condições diferentes e fora de controle.

Os gerentes de vendas devem tomar decisões certas no momento certo. *A Arte da Guerra* de Sun Tzu nos oferece um modelo claro para tomar essas decisões competitivas. Em vez de se concentrar em derrotar os oponentes, a estratégia ensina que o sucesso é uma questão de desenvolver posições estratégicas que possam ser defendidas facilmente e ampliadas no decorrer do tempo. Sun Tzu ensinou que nossos oponentes nos deixam brechas, mas que temos de aprender como reconhecer essas oportunidades. Chamamos a estratégia de Sun Tzu de "vencer sem conflito", pois ela defende que você deve alavancar a posição privilegiada de sua empresa em relação aos pontos fracos de seus oponentes.

A gestão de vendas é a forma mais difícil de gerenciamento. Os vendedores são determinados e independentes. Gerenciá-los é tão difícil quanto reunir gado. Vender é um trabalho muito emocional, desafiador e bem remunerado. Ele atrai pessoas que são agressivas e autoconfiantes. Sua função como gerente de vendas é manter o entusiasmo, a motivação dessas pessoas e ainda sob alguma forma de controle. Felizmente, as lições de Sun Tzu sobre gerenciar pessoas foram concebidas para tirar o melhor de oficiais e soldados, um outro grupo de indivíduos agressivos em um trabalho muito emocional e árduo.

Para ser gerente de vendas, você deve ser um ótimo vendedor. Um gerente mediano pode se sair muito bem em gestão, sem se superar em várias tarefas que estão sob sua supervisão. Como gerente de vendas, você é o vendedor mais importante de sua empresa. Mesmo que você não se envolva diretamente em cada venda, é preciso entender seu processo, sua psicologia e suas técnicas melhor do que qualquer outro na empresa.

Todo vendedor deve pensar de forma estratégica, mas como gerente de vendas é preciso ser puramente um estrategista. Estratégias são ferramentas para tomar decisões. *A Arte da Guerra* nos apresenta um sistema distinto, não intuitivo para tomar decisões. O livro concretiza a idéia vaga de uma estratégia em um conjunto de princípios claros e bem definidos. Ele nos ensina que apenas alguns fatores-chave influenciam o resultado de nossos esforços. O sucesso não cabe aos mais fortes ou mais agressivos, mas àqueles que entenderem melhor sua situação e quais são suas reais alternativas. Quando você tiver dominado os princípios estratégicos de Sun Tzu, será capaz de quase instantaneamente analisar as situações competitivas, identificar as oportunidades e tomar decisões apropriadas.

Como gerente de vendas, você deve prever o futuro. Deve não apenas saber quantas vendas serão fechadas no final do mês, mas também ser capaz de analisar seu funil de vendas para prever qual será o volume de vendas no futuro. Os princípios de Sun Tzu nos dão muitas ferramentas específicas para prever quais vendas você vai fazer e quais perderá. Você deve ensinar sua equipe de vendas que ela não tem tempo para ir atrás de qualquer possível oportunidade. Em seu cerne, o sistema estratégico de *A Arte da Guerra* se resume em calcular as chances de vitória e distribuir seus recursos limitados para maximizar os resultados.

Como gerente de vendas, você desempenha um papel importante na comunicação da empresa. Você deve obter *feedback* de sua equipe de vendas sobre como os produtos e serviços estão sendo aceitos no mercado. Você obtém informações confiáveis das linhas de frente que são repassadas para o pessoal que gerencia o desenvolvimento de produto, marketing e planejamento do estoque. Em nossa adaptação para os gerentes de vendas, o básico da estratégia é adaptado para ajudá-lo no seu papel de comunicar, persuadir e motivar.

Assim como nos outros livros da série, apresentamos nossa adaptação para os gerentes de vendas lado a lado com a tradução completa do texto original de *A Arte da Guerra*. Sugerimos que você leia ambos os textos e não apenas a versão para os gerentes de vendas. Embora escrito em linguagem militar, o texto original de Sun Tzu expõe os elementos da estratégia de uma forma muito sofisticada (é tão sofisticada que escrevemos toda uma série de livros para explicá-la mais detalhadamente). Por outro lado, nossa versão sobre gestão de vendas foi concebida para facilitar a utilização desses princípios na tarefa específica de gerenciar a equipe de vendas.

Cada capítulo do livro é precedido de uma página introdutória que explica como os conceitos estratégicos abordados naquela parte se aplicam à gestão de vendas. As seções dentro de cada capítulo são numeradas para indicar onde Sun Tzu introduz um novo princípio. Esses princípios são simples e diretos, e nós os adaptamos linha a linha a partir da terminologia militar original ao mundo da gestão de vendas. No entanto, os conceitos subjacentes nos quais esses princípios se baseiam são ricos e complexos. As relações entre esses princípios básicos são explicadas em algum detalhe na INTRODUÇÃO a seguir.

Sun Tzu escreveu de maneira precisa e sucinta, apresentando suas idéias em um formato muito compacto. Pense na *Geometria* de Euclides. Tanto Euclides quanto Sun Tzu apresentam um conjunto de conceitos básicos que se constróem uns sobre os outros. Os princípios de Sun Tzu, assim como os de Euclides, têm várias aplicações específicas. Os gerentes de vendas e os vendedores podem aplicá-los a tarefas muito diferentes.

Estratégias para Gerentes de Vendas nos dá um ponto de vista único. Ele propõe que gerenciar uma equipe de vendas de sucesso depende de nossa capacidade de incentivá-la a pensar estrategicamente por si própria.

Estratégia exige que nos concentremos em estabelecer e avançar posições vencedoras em vez de simplesmente atacar a concorrência. É uma filosofia de melhoria contínua. Esse foco no posicionamento e em pensar em sua posição é que torna a obra de Sun Tzu tão valiosa.

Segundo Sun Tzu, o segredo do sucesso não é apenas ganhar batalhas. É estabelecer posições que permitam vencer sem lutar. Batalhas custam caro. Se você pode orientar sua equipe para fazer negócios de forma rápida e econômica, toda a empresa vai sair ganhando. À medida que sua equipe de vendas avança em sua posição, conquistando clientes, Sun Tzu ensina você como manter-se no território já conquistado. O segredo para desenvolver seu mercado é usar cada venda para conseguir futuras vendas mais facilmente. Como gerente de vendas, você deve tomar cuidado com "vitórias" que consomem seu tempo e energia, mas que não conseguem posicionar sua empresa para ter sucesso a longo prazo e desenvolver uma posição de liderança no mercado.

Os gerentes de vendas devem definir o processo-padrão de vendas para sua equipe. No entanto, Sun Tzu ensina que ter um bom processo de vendas não é o suficiente. É preciso melhorá-lo continuamente. Isso significa dar certo grau de liberdade para sua equipe, de modo que ela possa fazer experiências com esse processo. Quando um vendedor descobre uma nova técnica que funciona, cabe a você disseminar essa técnica por toda a área de vendas. A melhoria do processo é uma tarefa que nunca termina. Os mercados de vendas são dinâmicos. Para avançar sua posição, sua área de vendas deve mudar mais rapidamente que o mercado.

Como gerente de vendas, você deve trabalhar com a equipe de marketing da empresa para identificar os melhores clientes possíveis para seu produto ou serviço. É isso que Sun Tzu chama de escolher os campos de batalha certos. A tarefa de identificar os grupos mais rentáveis de clientes é difícil. Os vendedores em geral cometem o erro de pensar que apenas precisam de mais clientes potenciais. Como gerente de vendas, você deve ensinar à sua equipe que o volume de vendas depende de uma combinação complexa de fatores: o número de clientes potenciais, o tempo que leva para fechar um negócio, o tamanho da venda, o potencial de novas encomendas e assim por diante. Venda é um jogo de números que requer eficiência e eficácia. Como gerente de vendas, cabe a você orientar sua equipe, de modo que ela esteja sempre trabalhando a todo o vapor.

Estratégia é um método de se adaptar à mudança. Como gerente de vendas, você deve ser oportunista. Você não cria oportunidades. Você pode defender sua posição atual do ataque, mas deve sempre analisar o mercado em busca de novas brechas para seus produtos. O desafio é reconhecer essas oportunidades quando elas se apresentam e, uma vez reconhecidas, você deve ter confiança para agir. Gestão de vendas em geral exige paciência vigilante. Em outras vezes, gestão de vendas exige ação imediata. Sun Tzu defende que as oportunidades sempre são muitas (cada problema cria uma oportunidade), mas que pode ser difícil reconhecer as oportunidades e agir.

O ponto de vista de Sun Tzu sobre a concorrência envolve muito conhecimento. Para ele, o sucesso cabe àquele que for mais bem informado. O foco de Sun Tzu na informação é tão claro que ele dedica o último capítulo, Usando Espiões, a esse assunto. Na versão para os gerentes de vendas, esse capítulo é adaptado com o título de O Poder da Informação. Estrategicamente, nada substitui uma boa informação. Conhecimento significa ter melhores informações do que qualquer outra pessoa. Para um gerente de vendas, isso quer dizer saber o que sua equipe de vendas está fazendo, o que os clientes e os concorrentes estão fazendo todos os dias da semana.

A utilidade dos princípios de Sun Tzu significa que você pode aplicá-los de diferentes maneiras em situações distintas. Por isso, você deve ler e reler este livro pelo menos uma vez por ano. As lições aprendidas em uma situação serão diferentes das lições que você aprende em outra. A cada leitura, você entenderá melhor os métodos de Sun Tzu e sua própria situação. À medida que sua situação muda, determinadas partes do livro ganham mais importância. Este livro é organizado de modo que as questões mais abrangentes e de longo prazo, como planejamento estratégico, são apresentadas nos capítulos iniciais. Os capítulos finais tendem a se concentrar nos desafios especiais encontrados em condições específicas.

Apesar de ser relativamente curto, este livro contém mais informações valiosas sobre boas práticas de gestão de vendas que outras publicações duas ou três vezes mais volumosas. Não espere apreciar todos os princípios em uma única leitura. O tempo dedicado ao estudo do sistema de Sun Tzu é sempre bem investido.

Ler e reler este livro é apenas o primeiro passo para dominar o mundo da estratégia do guerreiro. O sistema de Sun Tzu é sofisticado e profundo. Grande parte de sua sofisticação não é aparente à primeira vista apenas pela leitura do texto. Para um estudo mais aprofundado dos métodos de Sun Tzu, criamos uma série de livros sobre o domínio da estratégia. Recomendamos que você (e talvez seus melhores vendedores) reserve tempo para ler *The Warrior Class*, que aumentará ainda mais seu conhecimento e habilidades estratégicas.

Eu comecei minha carreira como vendedor e como gerente de vendas e nunca deixei de ser vendedor ou gerente de vendas. O sucesso em vendas vicia. Há uma emoção que vem do fato de você conseguir um pedido que outras experiências na vida não podem lhe dar. Depois que vendi minha empresa de software e me aposentei, sinto falta dessa emoção. Este livro e todos os outros de nossa série *A Arte da Guerra* são resultado de meu amor pela sensação de fazer uma venda.

Gary Gagliardi, 2005

✦ ✦ ✦

Batalha

Movimentação

Logro

Previsão

Unidade

Método　　Filosofia　　Liderança

Foco

Divisão

Posicionamento

Conhecimento

Ocupação

Surpresa

Terreno

Introdução

Estratégia como um Processo

Estratégia não é um plano, uma boa idéia ou apenas um meio para atingir um fim. É um processo sistemático. É uma ciência que combina economia, matemática e psicologia. Você usa essa ciência para tomar decisões certas consistentemente em circunstâncias difíceis. Do ponto de vista psicológico, os seres humanos têm duas reações instintivas a desafios: fugir ou lutar – esquivar-se da ameaça ou entrar em conflito com as pessoas. Para gerenciar uma equipe de vendas, você precisa de uma série de respostas mais completas e sofisticadas. Os princípios de estratégia lhe dão todas as ferramentas necessárias.

Para os gerentes de vendas, estratégia é o processo de desenvolver posições fortes em vendas. Essas posições que você desenvolve devem ser fáceis de defender e de ser ampliadas no decorrer do tempo. O que é uma posição estratégica? Como você consegue ampliá-la? São essas as perguntas que Sun Tzu responde em *A Arte da Guerra*. Em *Estratégia para Gerentes de Vendas*, adaptamos essas respostas às necessidades específicas de gestão de vendas.

Estratégia é simples. Você analisa as posições usando cinco fatores-chave. Você amplia sua posição usando um processo que consiste em apenas quatro passos.

Antes de você chegar aonde quer ir, em primeiro lugar, deve descobrir onde está. O primeiro passo é fazer uma análise estratégica para descobrir como você está posicionado. No entanto, sua posição é determinada pela sua relação com as posições adjacentes. Portanto, você não deve apenas analisar sua própria situação, mas também a de seus concorrentes e clientes. Como a estratégia começa com a análise, esse é o tema de Sun Tzu no primeiro capítulo.

Como o termo sugere, uma posição estratégica é um local no tempo e no espaço. No entanto, ela também contém outras dimensões. As cinco dimensões que Sun Tzu usa para definir uma posição estratégica – filosofia, firmamento, terreno, líder e métodos – nos dão um modelo para análise estratégica.

O cerne da posição estratégica de seu departamento de vendas é a filosofia. *Filosofia* é uma missão ou objetivo único em torno do qual seu departamento de vendas e toda a empresa se desenvolvem. Em muitos casos, o trabalho de articular a filosofia da empresa cabe ao gerente de vendas. Sua filosofia de vendas deve dar à equipe um sentido de propósito maior compartilhado. Como uma força aglutinadora, uma filosofia clara coloca um ponto final em uma política interna divisionista.

Uma missão clara é fonte de estabilidade. Os outros quatro componentes que definem uma posição estratégica mudam à medida que você avança em sua posição. Sem um núcleo estável de valores para dar uma direção, você não consegue fazer progresso consistente.

Sun Tzu descreve o ambiente competitivo como dois conceitos opostos que se complementam. Esses conceitos são *firmamento* (clima) e *terreno* (terra). Firmamento e terreno juntos marcam o tempo e o lugar da batalha. Eles estão intimamente ligados. Cada esforço de venda acontece em um tempo e um lugar únicos.

Firmamento ou *clima* é a dimensão de tempo da estratégia. Para um gerente de vendas, esse é o clima de negócios. Seu clima de negócios muda ao longo do tempo de uma forma que ninguém pode controlar. Às vezes, essas mudanças criam uma tendência que você consegue prever. As tendências econômicas e os ciclos de negócios do clima moldam sua posição de vendas.

Terreno é ao mesmo tempo o lugar onde você luta e aquilo pelo que você luta. Em uma área de vendas, o terreno é o mercado, a soma dos territórios de seus vendedores. Como gerente de vendas, você escolhe o terreno. Você deve escolher em quais clientes potenciais quer que sua equipe de vendas se concentre. A estratégia ensina que, quando você escolhe o campo de batalha, deve também escolher o clima que o acompanha. Como gerente de vendas, você não tem apenas de se preocupar com o clima em seu setor, mas também compartilhar o clima de negócios de seu mercado.

A estratégia também descreve sua área de vendas em dois componentes separados, porém complementares. Sun Tzu chamou esses dois componentes de *líder*, que é, sem dúvida, o gerente de vendas, e *métodos*, os processos e procedimentos de vendas que o gerente utiliza para organizar a equipe e administrar o departamento com eficiência.

Como gerente de um departamento de vendas, você desempenha o papel estratégico de líder. Um líder é a pessoa dentro da organização que toma as principais decisões. A liderança é o domínio da ação e do caráter individual. Todas as organizações com as quais sua área de vendas interage – seus clientes, parceiros e concorrentes – também possuem líderes que desempenham um papel na análise de sua situação estratégica.

Os *métodos* são técnicas que uma organização utiliza. Na sua área de vendas, os métodos descrevem seu processo de vendas, suas necessidades de relatórios e sua estrutura organizacional. Os métodos são, por definição, o domínio da ação em grupo. Os líderes tomam decisões como indivíduos, mas essas decisões determinam as ações do grupo. Cada organização com a qual você interage tem seus próprios métodos que definem uma parte de sua posição.

Tendo entendido sua posição estratégica, você pode começar a pensar como avançar e desenvolver essa posição. No sistema estratégico de Sun Tzu, há quatro passos que fazem a posição estratégica avançar. Esses quatro passos são *aprender, ver, movimentar-se* e *posicionar-se*.

Aprender significa reunir informações sobre sua situação. Estrategicamente, nada é mais importante que a informação. A análise é o primeiro passo nesse processo de aprendizado, mas para aprender é necessário ter o domínio de uma série de habilidades especiais.

Trataremos desse tópico mais detalhadamente no primeiro capítulo, no último capítulo e no final de muitos outros capítulos de *A Arte da Guerra*.

Ver é o próximo passo. Isso significa identificar uma oportunidade, ou o que Sun Tzu chama de brecha. O objetivo do aprendizado é encontrar brechas e entendê-las. Uma brecha surge a partir da mudança; então, não é uma questão apenas de entender o terreno, mas de observar as mudanças no ambiente. Ver é especificamente a capacidade de identificar oportunidades antes dos outros.

Movimentar-se é o terceiro passo. Isso significa a capacidade de fazer mudanças para aproveitar uma nova oportunidade. Para um gerente de vendas, movimentar-se significa mudar para novos mercados ou para novas técnicas de vendas. Sun Tzu ensina que mudanças grandes e dramáticas nunca são eficazes como pequenas mudanças incrementais. Movimentar-se custa caro e deve ser feito de forma econômica.

Posicionar-se é algo que flui naturalmente da movimentação. Isso significa fazer que sua nova posição compense em defendê-la. Para um gerente de vendas, quer dizer ter certeza de que a última mudança aumente as vendas de forma sustentada. Se você fizer as mudanças corretas, o posicionamento provará que você estava certo porque essas mudanças resultam em um aumento estável nas vendas para o departamento como um todo.

No sistema de Sun Tzu, esses quatro passos criam um ciclo infinito. O aprendizado leva à visão. Para ver, é preciso se movimentar. Ao movimentar-se, você ganha posicionamento. Posicionamento é a base para novo aprendizado. Aprender e ver dependem da habilidade do líder – nesse caso, o gerente de vendas. Movimentar-se e posicionar-se dependem das habilidades da organização – isto é, de seus métodos. Esse ciclo de quatro passos também é econômico. Ver e movimentar-se são investimentos. Posicionar-se e aprender são o retorno desse investimento.

À medida que você avança a posição, deve mantê-la forte. Na estratégia clássica, a força não advém apenas da superioridade relativa de sua situação externa. Ela também provém de sua coesão interna. Sun Tzu descreve dois diferentes aspectos dessa força interna: *unidade* e *foco*. Ambos os aspectos vêm diretamente de sua filosofia e da relação de sua filosofia com os outros quatro componentes de sua posição. Unidade vincula as decisões do líder aos métodos da organização. O foco une o clima e o terreno, concentrando os esforços de sua área de vendas em um lugar específico, em um determinado tempo.

Apesar de falarmos em avançar as posições estratégicas, elas também se formam à medida que o tempo passa. Pense em sua posição atual como o núcleo de sua futura posição. Ao longo do tempo, você quer deixar de lado as partes menos rentáveis e menos eficazes de seus esforços de venda, mas deve preservar os tipos de vendas mais rentáveis e mais eficazes. Você mantém os principais elementos do que está fazendo, mas expande esse núcleo pouco a pouco ao longo do tempo. Os aspectos de cada nova posição podem ser transitórios, mas algum aspecto de cada movimentação deve se tornar parte de sua posição permanentemente.

Em *A Arte da Guerra*, cada capítulo se concentra em ensinar lições específicas sobre avançar sua posição. A leitura do texto original coloca essas lições na terminologia da guerra. Em *Estratégia para Gerentes de Vendas*, mostramos como essas idéias se aplicam diretamente a seu trabalho como gerente de vendas.

Em *A Arte da Guerra*, é possível entender os conceitos centrais de estratégia por meio de sua inter-relação. Para ter uma visão geral dessa inter-relação, analise o diagrama que precede esta introdução. O diagrama resume a abordagem estratégica de Sun Tzu. Ele é o modelo em torno do qual o restante da estratégia é organizado. Quando você internalizar esse modelo, terá uma nova forma eficaz de entender tudo que acontece e que afeta a posição estratégica de seu departamento de vendas.

Capítulo 1

Análise: Posição Estratégica de Vendas

Sua área de vendas está em uma posição privilegiada. Você já tem uma grande quantidade de informações sobre sua posição, mas com que eficiência essas informações estão organizadas? Você está deixando de lado algum aspecto importante de sua posição de vendas? O modelo apresentado neste primeiro capítulo lhe dá as ferramentas não apenas para organizar o que você já sabe, mas também para ampliar seu conhecimento.

A primeira parte deste capítulo explica os cinco fatores básicos que definem sua posição estratégica. Esses fatores são categorias simples que permitem que você organize o conhecimento de sua situação.

A estratégia ensina que você deve sempre questionar sua posição. Nenhuma posição é boa ou ruim por si só. Os pontos fortes e fracos de sua posição são definidos pela maneira que você se compara com a concorrência. Você não pode tomar como certa sua posição em uma situação de competição em que as posições mudam constantemente. Você pode descobrir oportunidades se estiver aberto a novos pontos de vista, principalmente os de fora de sua empresa.

Sua tarefa como gerente de vendas é passar um ponto de vista objetivo para sua equipe de vendas. Sua análise deve manter sua equipe longe de situações de vendas sem futuro e direcioná-la para as situações vencedoras.

Análise

Sun Tzu Disse:

Assim é a guerra. 1
Ela é a maior arte de uma nação.
Determina a vida e a morte.
É a filosofia da sobrevivência ou da destruição.
Você precisa conhecê-la muito bem.

[6]A habilidade advém de cinco fatores.
Estude esses fatores quando estiver planejando a guerra.
Procure, com perseverança, conhecer sua situação.
1. Discuta filosofia.
2. Discuta o clima.
3. Discuta o terreno.
4. Discuta a liderança.
5. Discuta os métodos militares.

[14]Tudo começa com a sua filosofia militar.
Comande seu pessoal fornecendo-lhe um alto propósito
a compartilhar.
Você pode conduzi-los à morte.
Você pode conduzi-los à vida.
Eles nunca devem temer o perigo ou a desonestidade.

Posição Estratégica de Vendas

1 Os gerentes de vendas devem ser guerreiros.
Como gerente de vendas, você desempenha um papel fundamental em sua organização.
Você determina o sucesso ou o fracasso da organização.
Seu entendimento é o caminho para o crescimento ou o declínio.
Você deve analisar sua posição.

Cinco elementos-chave definem sua posição de vendas.
Leve em conta esses fatores quando estiver planejando avançar sua posição.
Para saber a posição estratégica de sua empresa, você deve perguntar:

1. Qual é a missão de sua empresa?
2. O que está mudando no ambiente empresarial?
3. Onde está seu melhor mercado possível?
4. Qual é seu papel como gerente de vendas?
5. Com que clareza você definiu o processo de venda?

A gestão de vendas começa com a missão de sua empresa.
Para organizar a equipe de vendas, dê um propósito maior que as conecte a seus clientes.
A missão deve justificar o sacrifício pessoal.
Ela deve proporcionar um futuro melhor.
A dedicação a essa missão deve inspirar coragem e honestidade.

[19] Depois, há que considerar o clima.
Pode estar ensolarado ou encoberto.
Pode estar frio ou calor.
O tempo engloba a mudança das estações.

[23] Depois, há que considerar o terreno.
Ele pode estar distante ou próximo.
Pode ser difícil ou fácil.
Pode ser largo ou estreito.
Ele também determina sua vida ou sua morte.

[28] Depois, há que considerar o comandante.
Ele deve ser sábio, confiante, atento, corajoso e severo.

[30] Finalmente, há que considerar seus métodos militares.
Eles incluem o modelo da sua organização.
Eles se originam da sua filosofia de gestão.
Você deve dominar a utilização deles.

[34] Todos esses cinco fatores são fundamentais.
Como comandante, você deve ponderar sobre eles.
Entendê-los traz a vitória.
Ignorá-los significa a derrota.

Depois, você deve levar em conta as mudanças no ambiente empresarial.
Essas mudanças podem ser aparentes ou estar ocultas.
Elas podem agilizar ou retardar as vendas.
O ambiente em mudança inclui a natureza sazonal do negócio.

Depois, vem o foco no cliente.
Sua equipe de vendas precisa viajar ou ela atua no mercado local?
Para quais clientes potenciais é mais fácil e mais difícil vender?
O mercado em que sua empresa atua é amplo ou é um nicho limitado?
A escolha do mercado certo determina o sucesso ou o fracasso.

Depois, vem seu papel como gerente de vendas.
Seja bem informado, justo, sensível, agressivo e rígido.

Por fim, você precisa ter um processo de venda claramente definido.
Qual a melhor forma de organizar sua equipe de vendas?
Você vende sua empresa ou somente os produtos?
Faça da venda um negócio fácil.

Todos os cinco fatores são essenciais na análise de sua posição de vendas.
Avalie continuamente sua posição em constante mudança.
Seu conhecimento pessoal é o segredo do sucesso de sua equipe.
Ignorar qualquer um desses fatores o levará ao fracasso.

Você deve aprender com o planejamento. 2
Deve questionar a situação.

³Você deve perguntar:
Qual regime tem a filosofia certa?
Quem é o comandante mais hábil?
Qual estação do ano e qual local são mais vantajosos?
Que método de comando funciona?
Que grupo de forças predomina?
Quais oficiais e quais homens foram treinados?
Quais recompensas e punições fazem sentido?
Isso revela quando você vencerá e quando perderá.
Alguns comandantes fazem essa análise.
Se você seguir esses comandantes, vencerá.
Siga-os.
Alguns comandantes ignoram essa análise.
Se você segui-los, perderá.
Livre-se deles.

Planeje obter vantagens ouvindo. 3
Adapte-se às situações.
Obtenha apoio externo.
Influencie os acontecimentos.
Assim, com o planejamento você poderá encontrar oportunidades
e terá o controle.

2 Amplie seu conhecimento continuamente.
Sempre pergunte para sua equipe de vendas sobre situações específicas.

Questione aquilo em que você acredita.
A sua missão se identifica com seus clientes?
Você está tomando as decisões gerenciais certas?
Quais situações e mercados lhe dão vantagem?
Qual a melhor forma de organizar o processo de venda?
Quais vendedores estão trabalhando bem juntos?
Quais vendedores realmente sabem o que estão falando?
Como estão funcionando seus programas de incentivos a vendas?
Você deve saber onde sua equipe está fazendo e perdendo vendas.
Alguns de seus vendedores sempre estão fazendo sua própria análise.
Se você depende dessas pessoas, terá êxito.
Pense em formas de retê-los.
Alguns de seus vendedores nunca analisam o que estão fazendo.
Se você confiar neles, fracassará.
Ache um jeito de se livrar deles.

3 Você descobre novas oportunidades ouvindo.
Adapte sua estratégia de vendas à sua posição privilegiada.
Peça para pessoas de fora dar sugestões sobre como melhorar o processo de venda.
Faça coisas boas acontecerem.
Sua análise descobrirá situações em que você domina.

A guerra consiste em uma só coisa. 4
Ela é uma filosofia do logro.

[3] Se você estiver preparado, tente parecer incapacitado.
Se estiver ativo, dissimule inatividade.
Se estiver perto do inimigo, finja que está distante.
Se estiver longe, finja que está perto.

[7]Se o inimigo estiver em uma posição forte, faça-o afastar-se dela.
Se o inimigo estiver confuso, seja resoluto.
Se o inimigo for firme, prepare-se para enfrentá-lo.
Se o inimigo for forte, evite-o.
Se o inimigo estiver zangado, leve-o a frustrar-se.
Se o inimigo for mais fraco, torne-o arrogante.
Se o inimigo estiver relaxado, faça-o trabalhar.
Se o inimigo for unido, divida-o.
Ataque-o quando ele estiver despreparado.
Parta quando ele menos esperar.

[17]Trate de encontrar um lugar onde possa vencer.
Você não deve sinalizar suas intenções.

4 A gestão de vendas requer uma coisa.
Você deve saber como controlar a percepção que os outros têm da realidade.

Quando os vendedores estiverem com excesso de confiança, semeie a dúvida.
Quando os vendedores estiverem preocupados, dê-lhes confiança.
Quando eles acharem que o negócio está fechado, sugira que eles ainda estão longe disso.
Quando faltar aos vendedores sentido de urgência, dê-lhes um.

Você mantém sua autoridade e ainda agrada seus vendedores.
Você pode estar confuso e ainda parecer resoluto.
Você consegue entender uma situação de vendas e ainda se fazer de desentendido.
Você consegue controlar seus vendedores sem se indispor com eles.
Você consegue ficar zangado com seus vendedores sem que eles percebam.
Você consegue rir de si próprio e ainda manter o respeito de seu pessoal.
Você parece confiante quando, na verdade, está com dificuldades.
Você pode gostar de alguns vendedores e ainda se livrar deles.
Você pode ir atrás de uma oportunidade que surge inesperadamente.
Você pode deixar de lado certos clientes sem fazer alarde disso.

Você sabe do que sua equipe de vendas precisa para se sair bem.
Não deixe que ela perceba que você a está influenciando.

Evite a batalha até 5
que sua organização esteja certa da vitória.
Você tem de estimar muitas vantagens.
Antes que você entre na batalha, a análise da sua organização pode
indicar que talvez você não vença.
Pode ser que você conte com poucas vantagens.
Muitas vantagens somam-se à vitória.
Poucas vantagens somam-se à derrota.
Como você pode conhecer suas vantagens sem antes analisá-las?
Podemos saber onde nos encontramos através da observação.
Podemos prever nossa vitória ou derrota por meio do planejamento.

5 Você deve concentrar os esforços de sua equipe de vendas nos clientes e nas vendas que eles certamente farão.

Você deve enxergar que tem uma vantagem nesses mercados.

Antes de investir em uma campanha de vendas, uma análise objetiva de sua posição de vendas pode mostrar que as chances estão contra você.

Sua posição não lhe dá vantagem em certos mercados.

Investir tempo nos melhores clientes potenciais aumenta seu êxito em vendas.

Investir tempo em possíveis clientes ruins resulta em vendas ruins.

Como você consegue saber onde estão suas oportunidades sem análise?

Como gerente de vendas, você tem uma visão mais abrangente do que sua equipe.

Você deve prever seu sucesso ou fracasso com base em sua análise.

35 Capítulo 1: Posição Estratégica de Vendas

Capítulo 2

Empreendendo a Guerra: O Segredo de Vendas Rentáveis

Como gerente de vendas, uma das tarefas mais importantes é assegurar que as vendas de seu departamento sejam rentáveis. Uma boa estratégia não define vitória como simplesmente fazer vendas. A estratégia define sucesso como fazer a vitória valer a pena. Isso é fundamental, mas muitos gerentes de vendas esquecem que seu trabalho não é simplesmente atingir as metas de vendas. É fazer vendas rentáveis para sua empresa.

Gerenciar um departamento de vendas pode ser muito dispendioso. O custo potencialmente debilitante de vender destrói muitas empresas. Como gerente de vendas, você não pode jogar fora seu caminho para o sucesso. Se você desperdiçar os recursos limitados de sua empresa, o fracasso é certo. Para administrar com êxito a área de vendas, você deve gerenciar um departamento eficiente e eficaz. Você nunca pode supor que, só porque investe dinheiro, seu sucesso é garantido.

A estratégia ensina que a melhor forma de administrar uma área de vendas é controlar os custos. Você não pode contratar mais vendedores do que precisa. Você não pode demorar muito para fazer uma venda. Os clientes locais têm preferência sobre os clientes que estão distantes, porque eles são mais rentáveis. As vendas sempre são mais rentáveis quando os produtos e serviços que os clientes querem estão mais próximos que sua empresa já forneceu anteriormente.

Empresas sólidas crescem através de vendas rentáveis, não com investimentos. Todo esforço de vendas deve compensar por si só. Em vez de fazer sua empresa investir no crescimento de seu departamento de vendas, as vendas rentáveis devem financiar o crescimento da empresa.

Empreendendo a Guerra

Sun Tzu Disse:

Tudo depende do modo como você usa a filosofia militar. 1
Movimentar o exército requer milhares de veículos.
Esses veículos devem ser carregados milhares de vezes.
O exército tem de carregar um enorme suprimento de armas.
Você precisa de quatro mil hectares de cereais.
Isso resulta em escassez interna e externa.
Todo exército consome recursos como um invasor.
Ele gasta cola e tinta para madeira.
Ele requer blindagem para os seus veículos.
As pessoas reclamam do desperdício de uma quantidade enorme de metal.
Isso o atrasará quando você tentar recrutar dezenas de milhares de soldados.

[12]Utilizar um grande exército torna a guerra cara demais para ser vencida.
Grandes atrasos tornam o exército entorpecido e levam a grandes derrotas.
Atacar as cidades inimigas esgota as suas forças.
Longas campanhas violentas que exaurem os recursos da nação constituem um erro.

O Segredo de Vendas Rentáveis

1 Tudo depende de sua estratégia econômica.
Vender para clientes distantes requer deslocamento constante.
Esse deslocamento constante é um grande ônus financeiro.
Sua equipe de vendas precisa de computadores e ferramentas de apresentação.
Você precisa de dinheiro para pagar seus funcionários.
Seus gastos com vendas limitam os gastos em outras áreas da empresa.
É muito fácil deixar que os gastos de vendas saiam de controle.
Os gastos com vendas limitam os gastos com marketing.
Os gastos com vendas limitam o desenvolvimento de produto.
Outras pessoas na empresa se queixam de quanto se gasta em vendas.
Você está cavando um túmulo para sua empresa quando forma um departamento de vendas que custa caro.

Um departamento de vendas inchado faz uma venda custar caro.
Departamentos de vendas grandes respondem de forma lenta e perdem as vendas.
Concentrar-se em vendas grandes e complexas cansa sua equipe de vendas.
Longos ciclos de venda que exaurem os recursos de sua organização de vendas são um erro.

¹⁶Comande um exército entorpecido.
Você sofrerá amargas derrotas.
Dissipe as suas forças.
O seu dinheiro acabará.
Quando o seu exército entrar em colapso, seus rivais se multiplicarão e começarão a atacá-lo.
Não importa quão esperto você seja.
Você não pode avançar acumulando perdas!

²³Você ouve falar em pessoas que entram em guerra depressa demais.
Mas não vê uma guerra eficiente que dure muito tempo.

²⁵Você pode lutar numa guerra por muito tempo ou pode fortalecer a sua nação.
Você não pode fazer as duas coisas

2

Não faça conjecturas sobre os perigos em usar a força militar.
Tampouco formule hipóteses sobre os benefícios de usar as armas.

³Você quer fazer um bom uso da guerra.
Não recrute os soldados repetidas vezes.
Não carregue suprimentos demais.
Tampouco formule hipóteses sobre os benefícios de usar as armas.
Decida ser útil à sua nação.
Alimente-se do inimigo.
Faça o seu exército carregar somente as provisões de que precisa.

Sua organização de vendas pode reagir de forma lenta.
Então, você perderá a venda que devia fazer.
Sua equipe de vendas pode levar muito tempo para fazer uma venda.
Dessa forma, você investirá muito em cada venda.
Então, seus concorrentes se multiplicarão e começarão a atacar sua base de clientes.
Não importa quanto você se ache inteligente.
Você não pode comprar o sucesso em vendas desperdiçando recursos.

Você pode ouvir fala de vendedores que são
rápidos demais.
Mas nenhum vendedor eficiente perde tempo para fazer uma venda.

Você pode permitir que sua equipe de vendas leve o
tempo que precisar para fechar um negócio ou fazer de
sua empresa um sucesso.

2 Não faça conjecturas sobre as incertezas de investir em um determinado ciclo de vendas.
Então, você não vai superestimar os lucros que seu departamento de vendas vai conseguir.
Você quer fazer bom uso de sua equipe de vendas.
Não continue contratando cada vez vendedores.
Não sobrecarregue a empresa com uma folha de pagamentos pesada.
Concentre-se em como você pode apoiar sua empresa.
Gere crescimento a partir de suas vendas.
Invista apenas na equipe de vendas que sua empresa precisa.

A nação se empobrece enviando mantimentos para soldados 3
que estão longe.
Deslocar-se para longe é custoso para muitas famílias.
Comprar coisas com o exército por perto também custa caro.
Os preços altos também esgotam a riqueza.
Se você esgotar sua riqueza, logo esvaziará sua força militar.
As forças militares consomem inteiramente a riqueza
de uma nação.
A guerra deixa sem nada os lares da nação.

⁸A guerra destrói centenas de famílias.
De cada dez famílias, a guerra poupa apenas sete.
A guerra esvazia os armazéns do governo.
Os exércitos vencidos se livrarão dos seus cavalos.
Eles jogarão fora a armadura, os elmos e as flechas.
Eles perderão as espadas e os escudos.
Eles deixarão suas carroças sem bois.
A guerra consome sessenta por cento de tudo o que você tem.

Por causa disso, o dever do 4
comandante inteligente é alimentar-se do inimigo.

²Utilize uma xícara do alimento do inimigo.
Ela vale vinte das suas.
Obtenha uma medida do alimento do inimigo.
Ele vale vinte das suas.

3 Uma empresa pode investir muito no deslocamento de seus vendedores para mercados distantes.
Para muitas empresas, grandes verbas para viagens são muito onerosas.
Gastar dinheiro em seus esforços de venda aumenta os preços.
Preços altos lhe custam vendas.
Se você desperdiça recursos, acaba tendo de sacrificar peças necessárias de sua empresa.
Esforços de venda dispendiosos podem esgotar as forças de sua empresa.
Como gerente de vendas, você deve proteger a capacidade de sua empresa de competir.

Ficar sem dinheiro coloca sua empresa fora do negócio.
Sete em cada dez novas empresas fecham em dois anos.
Os esforços de vendas consomem as reservas necessárias para sua empresa.
Uma equipe de vendas que fracassa deve desistir até de viagens necessárias.
Ela deve desistir de vendas e das ferramentas de marketing.
Ela não consegue atacar os concorrentes ou defender seus territórios.
Ela deve desistir de clientes por falta de recursos.
Uma equipe de vendas mal administrada pode, na verdade, encolher sua empresa.

4 Por tudo isso, seu dever como gerente de vendas é tirar proveito dos clientes, não de sua própria empresa.

Pague comissões para seus vendedores com base nas vendas que elas fazem.
Isso é vinte vezes melhor que pagar altos salários.
Roube os melhores clientes de seus concorrentes.
Isso é vinte vezes melhor que ficar com os clientes atuais.

⁶Você pode matar o inimigo e também frustrá-lo.
Enfraqueça o inimigo tirando o dinheiro dele.

⁸Lute pelas carroças de suprimento do inimigo.
Capture os seus suprimentos utilizando uma força esmagadora.
Recompense o primeiro que capturá-los.
Depois mude seus estandartes e bandeiras.
Misture as carroças do inimigo com as suas para aumentar sua linha de suprimentos.
Mantenha os seus soldados fortes provendo-lhes o alimento.
É isso que significa vencer o inimigo enquanto você fica mais forte.

Faça com que a vitória na guerra, por si só, valha a pena. 5
Evite campanhas longas e caras.
O conhecimento do comandante militar é fundamental.
Ele determina se os civis podem governar.
Ele determina se os lares da nação são pacíficos ou se constituem um perigo para o Estado.

Quando você supera seus concorrentes, afeta a credibilidade deles.
Ao roubar vendas de seus concorrentes, você tira deles a capacidade de competir no futuro.

Empenhe-se para tirar os clientes mais rentáveis de seus concorrentes.
Conquiste esses clientes concentrando seus vendedores neles.
Recompense generosamente os vendedores que fazem vendas rentáveis.
Faça propaganda de seus serviços para os mercados mais rentáveis.
Aumente sua porcentagem de vendas rentáveis na sua base de vendas recorrentes.
Mantenha seu departamento de vendas forte, tornando-o rentável.
É isso que significa enfraquecer o concorrente, ajudando sua empresa a crescer com sucesso.

5 Seus esforços de venda são bem-sucedidos quando eles se pagam.
Evite um departamento de vendas oneroso, inchado.
Seu conhecimento como gerente de vendas é fundamental.
Ele permite que outras divisões de sua empresa invistam em produtividade.
Ele determina a satisfação ou frustração dos outros funcionários de sua empresa.

Capítulo 3

Planejando um Ataque: O Foco de sua Campanha de Vendas

Para avançar a posição de vendas de sua empresa com êxito, você deve definir um foco claro para sua campanha de vendas. A estratégia ensina que a força de vendas não advém do tamanho. Ao contrário, vem da unidade e do foco. Para alcançar êxito como gerente de vendas, você deve unir sua equipe e sua empresa. Deve também se concentrar em uma campanha para aumentar as vendas, que coloque seus concorrentes em desvantagem.

A estratégia ensina que unidade e foco são necessários em cada nível de uma empresa. Quanto mais enfocada é sua área de vendas, mais eficiente será seu trabalho. Quanto mais divisões, distrações e confusões em seus esforços de venda, menos sucesso o departamento de vendas alcançará.

Quando você for para novas áreas de competição, a estratégia ensina que se deve evitar atacar uma concorrência organizada. Ao contrário, você deve concentrar sua campanha de vendas em áreas onde seus concorrentes ainda precisam organizar seus esforços de forma efetiva.

A estratégia recomenda uma abordagem incremental para obter êxito. Você supera os concorrentes em pequenas ações, enfocadas, em que você leva uma vantagem clara. Sua tarefa como gerente de vendas é identificar a força relativa de sua empresa em cada situação de venda e escolher a tática certa.

Cinco tipos de conhecimento gerencial determinam sua habilidade de unir e enfocar sua equipe de vendas. Você não pode calcular de forma errada a força relativa de sua equipe de vendas quando enfrenta os concorrentes.

Planejando um Ataque

Sun Tzu Disse:

Todos dependem das artes da guerra. 1
Uma nação unida é forte.
Uma nação dividida é fraca.
Um exército unido é forte.
Um exército dividido é fraco.
Soldados unidos são fortes.
Soldados desunidos são fracos.
Homens unidos são fortes.
Homens divididos são fracos.
Uma unidade coesa é forte.
Uma unidade dividida é fraca.
[12]A unidade funciona porque lhe permite vencer todas as batalhas que enfrenta.
Mesmo assim, esse é o objetivo tolo de um líder fraco.
Evite a batalha e faça o inimigo se render.
Esse é o objetivo certo para um líder superior.

A melhor política é atacar enquanto o inimigo ainda está 2
fazendo planos.
A segunda melhor política é romper alianças.
A terceira melhor política é atacar o exército oponente.
A pior é atacar as cidades do inimigo.

O Foco de sua Campanha de Vendas

1 Tudo depende de sua abordagem de gestão vendas.
Uma empresa unida é forte.
Uma empresa dividida é fraca.
Uma mensagem de vendas consistente é confiável.
Uma mensagem de vendas sem consistência não é confiável.
Uma campanha de vendas enfocada tem êxito.
Uma campanha de vendas sem foco tem fracasso.
Um departamento de vendas organizado é forte.
Um departamento de vendas desorganizado é fraco.
Uma equipe de vendas unida trabalha bem.
Uma equipe de vendas desunida trabalha mal junta.
Unidade e foco funcionam porque permitem que você vença cada desafio de vendas da concorrência.
Mas esse é um objetivo tolo de gerentes de vendas de segunda linha.
Desestimule a concorrência de querer competir com você.
Esse é o melhor objetivo para os melhores gerentes de vendas.

2 A melhor campanha chega aos mercados antes dos concorrentes.
A segunda melhor campanha divide os mercados de seus concorrentes.
Uma campanha ruim desafia diretamente a equipe de vendas dos concorrentes.
A pior campanha de todas enfoca os pontos fortes dos concorrentes.

⁵Isso é o que acontece quando você ataca uma cidade.
Você pode tentar, mas não consegue destruí-la.
Primeiro, você tem de construir máquinas para sitiá-la.
Você precisa do equipamento e do maquinário certos.
Isso leva três meses e, mesmo assim, você não consegue vencer.
Então, você tenta cercar a área.
Você leva mais três meses sem fazer progresso.
Seu comando ainda não obtém sucesso e isso o deixa enraivecido.
Então, você tenta invadir a cidade.
Isso mata um terço dos seus oficiais e dos seus soldados.
Mesmo assim, você não é capaz de tirar o inimigo da cidade.
Esse ataque é um desastre.

³Faça bom uso da guerra.
Faça com que os soldados inimigos se rendam.
Você consegue fazer isso travando pequenas batalhas apenas.
Você pode atrair os soldados inimigos para fora das suas cidades.
Pode fazer isso com pequenos ataques.
Pode destruir os homens de uma nação.
Você deve fazer uma campanha rápida.

⁸Você deve guerrear plenamente, lutando com tudo o que tiver.
Nunca pare de lutar quando estiver em guerra.
Você pode ganhar vantagem.
Para isso, tem de planejar sua estratégia de ataque.

O que acontece quando você se concentra nos pontos fortes dos concorrentes?

Você tenta copiar as habilidades deles, mas nunca conseguirá.

Primeiramente, crie uma organização que desafie as habilidades dos concorrentes.

Copie os métodos e sistemas dos concorrentes.

Isso leva tempo, e você está sempre atrás da concorrência.

Você pode tentar impedir que os concorrentes ultrapassem você.

Isso desperdiça tempo amarrando sua própria área de vendas.

Suas tentativas de copiar os concorrentes não dão certo e isso frustra você.

Então, você aposta tudo em uma única iniciativa de venda.

Isso consome seus recursos limitados de vendas.

Você não consegue derrotar a concorrência em seus pontos fortes.

Esse tipo de venda é um desastre.

3 Uma boa campanha de vendas é fruto de uma boa gestão.

Identifique uma área onde os concorrentes não querem entrar.

Você faz isso identificando clientes que os concorrentes não consideram importantes.

Você deve afastar a força de vendas da concorrência dos pontos fortes já estabelecidos.

Você faz isso ganhando clientes não importantes.

Você quer desencorajar a equipe de vendas da concorrência.

Conquiste os clientes rapidamente.

Você deve estar totalmente comprometido com seu foco de venda.

Nunca retroceda quando você identificar a direção certa a seguir.

O foco correto dá total superioridade a seu pessoal de vendas.

Você deve saber onde alocar seus recursos de venda.

¹²As regras para guerrear são:
Se você tiver dez vezes mais forças que o inimigo, cerque-o.
Se tiver cinco vezes mais forças, ataque-o.
Se tiver duas vezes mais forças, divida-o.
Se tiver o mesmo número de forças, então descubra uma batalha que lhe favoreça.
Se estiver em menor número, defenda-se.
Se for muito mais fraco, fuja.

¹⁹As pequenas forças não são poderosas.
No entanto, as grandes forças não conseguem alcançá-las.

4

Você deve dominar a arte de comandar.
A nação deve apoiá-lo.

³Apoiar o exército torna a nação poderosa.
Não apoiar o exército torna a nação fraca.

⁵A posição do exército é dificultada pelos políticos de três maneiras diferentes.
Por não saberem que o exército inteiro não consegue avançar, eles ordenam que avance.
Por não saberem que o exército inteiro não consegue se retirar, eles ordenam a retirada.
Isso se chama amarrar o exército.
Os políticos não entendem de assuntos militares.
Ainda assim, eles acham que podem comandar um exército.
Isso confunde os oficiais do exército.

A Arte da Guerra e Estratégia para Gerentes de Vendas

As regras para identificar a campanha certa de vendas são simples.
Uma campanha de vendas perfeita faz os concorrentes desistirem da venda.
Uma grande campanha de vendas expulsa os concorrentes.
Uma boa campanha de vendas coloca os concorrentes um contra o outro.
Uma campanha de vendas medíocre é um sucesso quando a situação é favorável.
Com uma campanha de vendas ruim, você é forçado a defender os clientes atuais.
Com uma campanha de vendas desastrosa, você é forçado a desistir de clientes.

Empresas menores não conseguem bater os concorrentes maiores diretamente.
No entanto, as grandes empresas não conseguem se equiparar aos pequenos concorrentes.

4 Você deve enfocar sua campanha de vendas.
Sua empresa deve lhe dar apoio.

Apoiar o departamento de vendas fortalece qualquer empresa.
Não apoiar o departamento de vendas enfraquece qualquer empresa.

Existem três maneiras de a gerência de sua empresa minar o foco de sua campanha de vendas.
Por não conhecer o tipo de venda que sua equipe não pode fazer, ela quer que você tente fazer essas vendas.
Por não conhecer o tipo de venda que sua equipe pode fazer, ela quer que você desista dessas vendas.
Esse comportamento limita a força de vendas.
Os executivos da empresa necessariamente não entendem de vendas.
Ainda assim, eles acham que podem comandar sua força de vendas.
Isso prejudica seus melhores vendedores.

¹²Os políticos não conhecem a cadeia de comando do exército.
Eles dão excessiva liberdade ao exército.
Isso cria desconfiança entre os oficiais.

¹⁵O exército inteiro fica confuso e desconfiado.
Isso propicia a invasão de diferentes inimigos.
Dizemos seguramente que a desordem no exército
impossibilita a vitória.

Você deve saber cinco coisas para vencer: 5
A vitória ocorre quando se sabe o momento de atacar e o momento de evitar a batalha.
A vitória ocorre quando se utilizam corretamente as grandes e as pequenas forças.
A vitória ocorre quando todos compartilham dos mesmos objetivos.
A vitória ocorre quando se descobrem oportunidades nos problemas.
A vitória ocorre quando há um comandante capaz e o governo o deixa agir.
Você deve saber essas cinco coisas.
Assim, você conhece a teoria da vitória.

Assim se diz: 6
"Conheça a si mesmo e conheça o seu inimigo.
Você estará seguro em qualquer batalha.
Você pode conhecer a si mesmo mas não conhecer o inimigo.
Você perderá, então, uma batalha para cada uma que vencer.
Você pode não conhecer a si, nem ao inimigo.
Então, perderá todas as batalhas".

A Arte da Guerra e Estratégia para Gerentes de Vendas 54

A gerência não entende a necessidade de priorizar vendas.
Ela dá muita liberdade para a equipe de vendas.
Isso gera incerteza em seus líderes de vendas.

A equipe de vendas pode ficar confusa e indecisa.
Isso é um convite para os concorrentes roubarem seus clientes.
Você certamente sabe que a falta de foco em vendas
leva ao fracasso.

5 Você deve saber cinco coisas para obter êxito em sua campanha de vendas.
Você deve saber em quais clientes potenciais se concentrar e quais evitar.
Você deve saber quais clientes potenciais merecem muitos recursos e
quais exigem poucos recursos.
Sua equipe de vendas deve compartilhar a mesma visão.
Você deve saber transformar problemas em oportunidades.
Você deve saber como controlar sua equipe de vendas, e os outros
executivos devem respeitar suas decisões.
Tenha total domínio sobre essas cinco categorias de conhecimento.
Então, você conhecerá a filosofia de fazer vendas.

6 Preste atenção.
Conheça sua equipe de vendas e seus concorrentes.
Dessa forma, você atinge suas metas de venda.
Você pode conhecer sua equipe de vendas, mas não os concorrentes.
Então, para cada venda que você faz, você perderá outra.
Pode ser que você não conheça nem sua equipe de vendas nem seus
concorrentes.
Então, você não fará nenhuma venda.

55   Capítulo 3: O Foco de sua Campanha de Vendas

Capítulo 4

Posicionando-se: Protegendo e Avançando

Como gerentes de vendas, você deve ter duas funções: manter os negócios de sua empresa e identificar novos negócios. Você precisa de uma base estável de apoio e, portanto, deve ajudar sua equipe de vendas a defender as vendas recorrentes. No entanto, a melhor defesa é um bom ataque e, por isso, você deve ajudar sua equipe a avançar a posição da empresa identificando os novos e melhores tipos de oportunidade.

Sua primeira responsabilidade como gerente de vendas é defender a posição de mercado da empresa, isto é, a atual base de clientes. Essas vendas sempre são as mais rentáveis. Paralelamente, você deve analisar o mercado mais abrangente para identificar novas oportunidades para ampliar a posição de sua empresa. Se você não consegue defender sua posição atual, não tem uma base confiável para expansão.

Depois de identificar uma nova oportunidade, você deve ser capaz de continuar avançando para uma nova posição para roubá-la da concorrência. Quando você se concentrar em um novo mercado, veja se tem os recursos suficientes.

No final deste capítulo, Sun Tzu fala de forma sucinta sobre como é importante o posicionamento certo para obter o que você quer de sua equipe de vendas.

Posicionando-se

Sun Tzu Disse:

Aprenda com a história das batalhas bem-sucedidas. 1
Suas primeiras ações devem negar a vitória ao inimigo.
Preste atenção no inimigo para descobrir como vencer.
Só você pode negar a vitória ao inimigo.
Só o seu inimigo pode permitir que você vença.

[6]Você deve lutar bem.
Você pode impedir a vitória do inimigo.
Você não poderá vencer se o inimigo não possibilitar sua vitória.

[9]Assim se diz:
Você prevê a oportunidade da vitória; você não cria essa oportunidade.

Protegendo e Avançando

1 Não se esqueça do valor dos clientes que você já possui.
Primeiro, cuide para que sua equipe de vendas mantenha os clientes atuais.
Procure os pontos fracos de seus concorrentes para encontrar novas oportunidades.
Sua diligência é necessária para defender sua base atual de vendas.
Mudanças em um mercado mais abrangente criam suas oportunidades.

Use uma perspectiva estratégica.
Você pode impedir os concorrentes de roubar seus clientes.
Seus concorrentes devem deixar brechas para que você roube os clientes deles.

Isso é estratégia.
Procure uma oportunidade de obter participação de mercado; não tente criar uma.

2 Às vezes, você é incapaz de vencer.
Então, você deve se defender.
Você finalmente será capaz de vencer.
Então, você deve atacar.
Defenda-se quando sua força for insuficiente.
Ataque quando tiver força sobrando.

⁷Você deve se defender bem.
Economize suas forças e fique entrincheirado.
Você deve atacar bem.
Movimente suas forças quando tiver uma vantagem clara.

¹¹ Proteja-se sempre, até poder triunfar completamente.

3 Algumas pessoas conseguem observar como vencer.
Mas elas não conseguem posicionar suas forças onde elas deveriam estar.
Isso demonstra habilidade limitada.

⁴Algumas pessoas podem lutar pela vitória e ser aclamadas pelo mundo.
Isso também demonstra uma habilidade limitada.

⁶Vença com a mesma facilidade com que recolhe um fio de cabelo que caiu.
Não utilize todas as suas forças.
Perceba qual é a hora de ir em frente.
Não tente descobrir algo inteligente.
Ouça o trovão.
Não tente ouvir algo sutil.

2 Você nem sempre está posicionado para ganhar um novo negócio.
Então, defenda o negócio que você tem.
Você acabará em posição de ampliar seu negócio.
Então, vá para novos mercados.
Defenda seu negócio quando você não tiver recursos para expandi-lo.
Amplie quando você tiver mais recursos do que necessita para defendê-lo.

Você deve defender sua posição atual de forma agressiva.
Mantenha seu pessoal totalmente envolvido com os clientes atuais.
Você deve expandir de forma agressiva.
Entre em novos mercados quando você identificar uma oportunidade clara.

Você deve proteger sua base de clientes atual até que possa conquistar novos clientes.

3 Alguns gerentes de vendas conseguem enxergar novas oportunidades de venda.
No entanto, eles não conseguem organizar seus recursos de venda para capturá-las.
Isso demonstra pouca habilidade.

Outros gerentes de vendas conquistam novos clientes através de esforços dispendiosos que parecem um grande sucesso.
Isso também demonstra pouca habilidade.

Um novo mercado, sendo o alvo certo, é facilmente conquistado.
Evite usar seus recursos de venda.
Espere pelas oportunidades certas.
Não tente demonstrar quanto você é inteligente.
Enxergue oportunidades óbvias.
Não enxergue oportunidades onde você quer que elas existam.

[12]Aprenda com a história de batalhas bem-sucedidas.
Vitorioso é aquele que torna a vitória fácil.
A boa batalha é aquela em que sua vitória é previsível.
Não é preciso ter inteligência para se construir uma reputação.
Não é preciso coragem para ter sucesso.

[17]Você deve vencer suas batalhas sem esforço.
Evite lutas difíceis.
Lute quando a sua posição torná-lo invencível.
Você sempre vence impedindo a sua derrota.

[21]Você só deve travar batalhas que possa vencer.
Posicione-se onde não possa perder.
Nunca desperdice uma oportunidade de derrotar o inimigo.

[24]Você vence uma guerra assegurando-se antes da vitória.
Somente depois é que parte para a luta.
Manobre o inimigo antes da primeira batalha e depois lute para vencer.

Analise onde sua equipe de vendas se saiu bem.
Identifique quais clientes ela conquistou rápida e facilmente.
Bons clientes potenciais são aqueles que podem ser conquistados de forma previsível.
Sua equipe de vendas não precisa ser corajosa para abordá-los.

Concentre sua equipe de vendas nos clientes potenciais para quem é fácil vender.
Os vendedores devem evitar ciclos de vendas difíceis.
Dê-lhes clientes potenciais que eles podem conquistar sem esforço.
Seu sucesso é garantido quando sua equipe de vendas não tem como fracassar.

Seus vendedores devem apenas trabalhar nas vendas que podem ganhar.
Dê-lhes os recursos certos, de modo que não possam perder essas vendas.
Não deixe que eles desperdicem as oportunidades que surgem.

Amplie as posições de mercado preparando sua força de vendas para isso.
Somente depois deixe que ela vá para o mercado.
Primeiro, dê à sua equipe de vendas o conhecimento que ela precisa para se sair bem e depois exija que ela faça vendas.

Você deve fazer um bom uso da guerra. 4
Estude a filosofia militar e a arte da defesa.
Você pode controlar sua vitória ou sua derrota.

[4] Esta é a arte da guerra:
"1.   Analise as distâncias.
2.   Analise os seus números.
3.   Analise os seus cálculos.
4.   Analise as suas decisões.
5.   Analise a probabilidade de vitória.

[10]O terreno determina a distância.
A distância determina os seus números.
Os seus números determinam os seus cálculos.
Os seus cálculos determinam suas decisões.
Suas decisões determinam a sua vitória."

[15]Empreender uma guerra vitoriosa é como colocar na balança uma moeda de ouro contra uma moeda de prata.
Empreender uma guerra fracassada é como colocar na balança uma moeda de prata contra uma moeda de ouro.

Vencer uma batalha é sempre uma questão de pessoas. 5
Você as despeja numa batalha como se despeja água em um desfiladeiro profundo.
Isso é uma questão de posicionamento.

A Arte da Guerra e Estratégia para Gerentes de Vendas

4 Você deve fazer bom uso de seus vendedores.
Ensine a eles uma missão mais abrangente que é vender para conquistar a fidelidade dos clientes.
Você controla o sucesso ou o fracasso de sua equipe.
Existe um sistema para gestão de vendas:
1. Discuta o esforço necessário para conquistar um novo mercado.
2. Discuta seus recursos de vendas.
3. Discuta suas prioridades de venda.
4. Discuta seu foco de venda.
5. Discuta suas metas de venda.

Sua posição determina o esforço necessário para conquistar um novo mercado.
O montante de esforço determina os recursos de venda necessários.
Os recursos de venda disponíveis são determinados pelas prioridades de venda.
Suas prioridades de venda determinam seu foco.
Seu foco de venda determina suas metas.

Para criar uma equipe de vendas bem-sucedida, é preciso se concentrar nas melhores oportunidades e não em oportunidades de segunda mão.
Criar uma equipe de vendas perdedora significa se concentrar em oportunidades de segunda mão em vez de enfocar as melhores oportunidades.

5 O sucesso em gestão de vendas sempre é uma questão de pessoas.
Você deve fazer do sucesso de seu pessoal de vendas uma questão de seguir o caminho de menor resistência.
Isso significa posicioná-la corretamente.

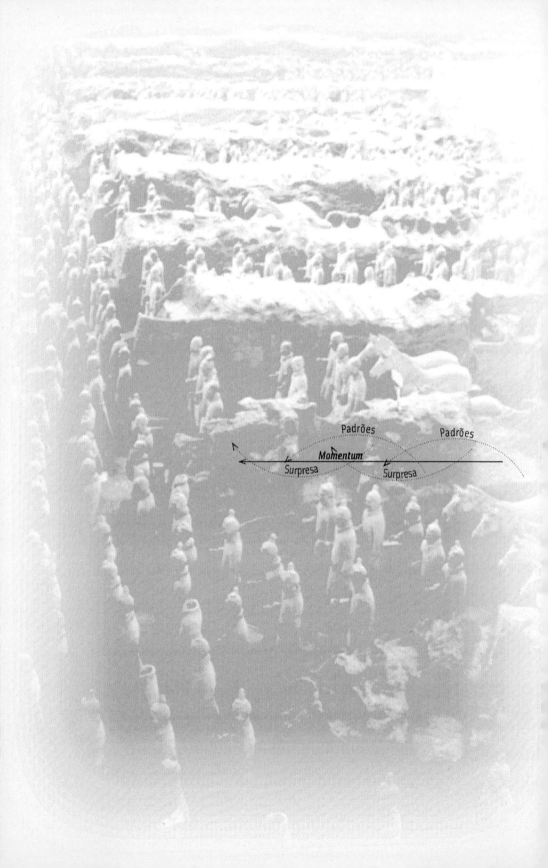

Capítulo 5

Momentum: Motivando sua Força de Vendas

Todos os gerentes de vendas devem manter sua equipe motivada. Neste, capítulo, Sun Tzu fala sobre a necessidade de uma estratégia criativa. Você deve incentivar essa criatividade para que as vendas sejam interessantes e motivadoras.

A maioria dos vendedores se sente intimidada pelos concorrentes que são maiores e mais poderosos. Um dos princípios básicos de Sun Tzu é que tamanho não é documento. Criatividade, momentum e entusiasmo, tudo conta muito mais do que tamanho para criar uma equipe de vendas de sucesso.

Estrategicamente, o momentum advém da alternância entre processos de eficácia comprovada e processos inovadores. Padrões e inovação precisam um do outro. Sem padrões, só existe o caos. No entanto, padrões sem inovação não geram entusiasmo e momentum.

Onde os gerentes de vendas descobrem inovações interessantes? Sua equipe de vendas naturalmente traz idéias inovadoras todos os dias. Todos os dias, seus clientes também vêm com histórias de sucesso e novas formas de enxergar o valor de seus produtos e serviços. A tarefa de um gerente de vendas é descobrir o que sua equipe está fazendo de novo, o que está funcionando e por quê. Como gerente de vendas, você deve ser como uma abelha polinizadora, passando as idéias de um vendedor para outro.

Quando você cria um sentido constante de inovação e sucesso, gera entusiasmo.

Momentum

Sun Tzu Disse:

Você controla um grande grupo do mesmo modo que controla um pequeno grupo. 1
Você apenas divide as suas fileiras corretamente.
Você luta contra um grande exército do mesmo modo que luta contra um pequeno.
Você só precisa da posição certa e da comunicação.
Você pode enfrentar um grande exército inimigo.
Você deve ser capaz de sustentar um ataque do inimigo sem ser derrotado.
Você deve usar corretamente a surpresa e a ação direta.
A posição do seu exército deve fazer aumentar a sua força.
Os soldados que cercam um inimigo podem esmagá-lo como a um ovo.
Você deve usar corretamente tanto a força como a fraqueza.

A mesma coisa ocorre em todas as batalhas. 2
Você usa uma abordagem direta para envolver o inimigo.
Usa a surpresa para vencer.

[4]Você deve usar a surpresa para que a sua invasão seja bem-sucedida.
A surpresa é tão infinita quanto o clima e a terra.
A surpresa é tão inexaurível quanto o fluxo de um rio.

Motivando sua Força de Vendas

1 Você gerencia uma equipe de vendas grande assim como gerencia equipes pequenas.
Atribua responsabilidades corretamente.
Você supera grandes concorrentes da mesma forma que supera os pequenos.
A equipe de vendas deve comunicar os pontos fortes da empresa corretamente.
Grandes concorrentes intimidam.
A equipe de vendas deve saber que pode ganhar vendas desses concorrentes com sucesso.
Sua equipe de vendas deve ser mais ágil e disciplinada para se sair bem.
O sucesso em vendas advém dos atributos diferenciados de sua empresa.
Sua equipe deve saber como sobrepujar os concorrentes.
Treine sua equipe de vendas no que se refere às limitações da concorrência.

2 Toda competição por vendas é semelhante.
Aproxime-se dos clientes oferecendo produtos que eles já conhecem.
Feche o negócio oferecendo aos clientes algo novo e atrativo.

Você deve oferecer algo novo e atrativo para ganhar novos mercados.
Mudanças no ambiente e nos clientes possibilitam inovação constante.
A criatividade de sua equipe de vendas deve capitalizar o poder da mudança.

⁷Você pode ser detido e ainda recuperar a iniciativa.
Você deve utilizar os dias e os meses convenientemente.

⁹Se você for derrotado, poderá se recuperar.
Você deve utilizar as quatro estações convenientemente.

¹¹Há apenas algumas notas na escala musical.
Mas você sempre pode reorganizá-las.
Você nunca consegue ouvir todos os sons da vitória.

¹⁴Há apenas algumas cores básicas.
Mas sempre se pode misturá-las.
Você nunca consegue ver todas as nuances da vitória.

¹⁷Há apenas alguns sabores.
Mas você sempre pode mesclá-los.
Você nunca consegue experimentar todos os sabores da vitória.

²⁰Você luta com *momentum*.
Há apenas alguns tipos de surpresas e de ações diretas.
Mas você sempre pode variar aquelas que utiliza.
Não há limite para as maneiras de você vencer.

²⁴A surpresa e a ação direta são mutuamente dependentes.
Elas são como um círculo sem fim.
Você não consegue exaurir todas as suas combinações possíveis!

As ondas fluem juntas com rapidez. 3
A pressão que elas fazem arrasta os seixos do rio.
Isso é o *momentum*.

A Arte da Guerra e Estratégia para Gerentes de Vendas

Quando você incentiva a criatividade, cada revés é temporário.
Você gera entusiasmo todos os dias.

Os vendedores acham formas de se sair bem depois de um revés.
Sua tarefa é cuidar para que cada vendedor aprenda novas abordagens.

Cada apresentação de vendas transmite apenas algumas idéias.
Mas sua equipe pode melhorar continuamente as apresentações.
Seus vendedores devem compartilhar seus melhores trabalhos.

Cada cliente tem apenas algumas preocupações básicas.
Treine sua equipe de vendas para adequar cada apresentação ao cliente.
Cada apresentação de vendas deve ser tão diferenciada quanto seu cliente-alvo.

Há apenas algumas formas de valor.
Mas o valor varia de cliente para cliente, de momento para momento.
Os vendedores descobrem novos benefícios do produto todos os dias.

Criatividade e mudança motivam sua equipe de vendas.
Premie os vendedores por usar a criatividade e por seguir os padrões.
Mostre reconhecimento pelos vendedores que apresentam novas abordagens.
A inovação constante faz a equipe de vendas se sentir invencível.

Criatividade sem padrões é o caos.
Padrões levam à inovação, que evolui para novos padrões.
Você pode melhorar qualquer coisa através do processo de inovação.

3 O ritmo das mudanças no negócio está aumentando.
É a pressão da mudança que elimina qualquer resistência.
A mudança dá ânimo à sua equipe.

⁴Um gavião repentinamente ataca uma ave.
Basta o seu contato para matar a presa.
Isso é aproveitar o momento oportuno.

⁷Você deve lutar apenas nas batalhas em que possa vencer.
O seu *momentum* deve ser esmagador.
A sua precisão deve ser absoluta.

¹⁰O seu momentum é como a tensão de um arco estirado.
A sua precisão é como a que se usa para puxar um gatilho.

A guerra é muito complicada e confusa. 4
A batalha é caótica.
Entretanto, você nunca deve permitir que o caos se instale.

⁴A guerra é muito suja e desordenada.
As posições mudam.
Entretanto, você nunca deve ser derrotado.

⁷O caos dá origem ao controle.
O medo dá origem à coragem.
A fraqueza dá origem à força.

¹⁰Você deve controlar o caos.
Isso depende do seu planejamento.
Os seus homens devem dominar o medo.
Isso depende do *momentum* deles.

¹⁴Você tem forças e fraquezas.
Elas advêm da sua posição.

Seus vendedores devem atender rapidamente às necessidades atuais de seus clientes.
A motivação da venda por si só fará a venda.
Dê às pessoas uma razão para comprar agora.

Seus vendedores devem tentar apenas vendas que podem ganhar.
O *momentum* de sua empresa deve dar-lhes confiança.
Eles devem sentir que podem fechar o negócio imediatamente.

O entusiasmo aumenta a pressão sobre os vendedores.
Fechar o negócio é o que libera a pressão.

4 Os relatórios de venda, em geral, são mais ficção do que fato.
As vendas são imprevisíveis.
A tarefa do gerente de vendas é criar um sentido de ordem.

Os processos de venda nunca saem como planejados.
O otimismo se transforma em pessimismo e vice-versa.
No entanto, sua equipe de vendas não pode desistir.

A falta de cuidado dos vendedores exige que você seja rigoroso.
A apreensão dos vendedores exige sua confiança.
As deficiências de seu pessoal exigem suas habilidades de gestão.

A equipe de vendas quer um sentido de ordem.
Imponha procedimentos que ela possa usar.
A equipe de vendas pode ficar facilmente desanimada.
Mantenha seu entusiasmo lá em cima.

Sua empresa tem pontos fortes e pontos fracos.
Mas você escolheu a empresa onde você trabalha.

[16]Você deve forçar o inimigo a se movimentar para obter uma vantagem.
Utilize a sua posição.
O inimigo deverá segui-lo.
Abandone uma posição.
O inimigo deverá assumi-la.
Você pode oferecer uma vantagem para que ele se movimente.
Você pode utilizar seus homens para fazê-lo se movimentar.
Você pode usar a sua força para detê-lo.

5 Você quer ter sucesso na batalha.
Para isso, deve buscar o *momentum*.
Não exija apenas uma boa luta do seu pessoal.
Escolha boas pessoas e forneça-lhes *momentum*.

[5]Você deve criar *momentum*.
Você o cria com os seus homens durante a batalha.
Isso é comparável a árvores e pedras que rolam.
As árvores e as pedras rolam por causa da sua forma e do seu peso.
Ofereça segurança aos seus homens e eles ficarão calmos.
Coloque-os em perigo e eles agirão.
Ofereça-lhes um lugar e eles o manterão.
Reúna-os e eles marcharão.

[13]É com o *momentum* que você torna os seus homens poderosos na batalha.
É como empurrar pedras redondas para baixo de um despenhadeiro alto e íngreme.
O *momentum* é crucial.

A Arte da Guerra e Estratégia para Gerentes de Vendas **74**

Você deve manter a equipe de vendas entusiasmada com as oportunidades.
Compartilhe seus pontos de vista sobre a empresa com a equipe.
Você deve colocar a concorrência em perspectiva.
Seja honesto com sua equipe sobre os pontos fortes do concorrente.
Sua equipe deve concordar com sua avaliação.
Explique por que sua empresa tem vantagem sobre a concorrência.
A própria equipe deve fazer parte desse motivo.
Os pontos fortes de sua empresa devem manter os clientes que foram conquistados.

5 Você deve superar seus concorrentes.
Seu sucesso depende da motivação da equipe de vendas.
Você não pode exigir que ela cumpra a meta de vendas.
Você mantém a equipe motivada em relação à empresa e às vendas que virão.

Motivar é uma tarefa difícil.
Use as idéias que sua equipe de vendas traz todos os dias.
Use as idéias que a própria equipe de vendas gosta.
A equipe de vendas gosta das idéias quando os clientes as aceitam facilmente.
A equipe de vendas deve se sentir segura para ser confiante.
Ela deve sentir a pressão de ter de cumprir sua obrigação.
Procedimentos claros fornecem os métodos que a equipe de vendas sabe que vão funcionar.
Metas claras geram a pressão que as pessoas precisam para ficar motivadas.

Sua equipe será forte se você souber mantê-la motivada.
Explore a tendência natural dos membros da equipe de copiar o sucesso que seus colegas alcançaram no passado.
Motivação é tudo.

Capítulo 6

Fraqueza e Força: Oportunidades de Expansão

Os gerentes de vendas atuam nas linhas de frente da concorrência. Eles devem idealizar as campanhas, processos e ofertas de venda que coloquem a concorrência em desvantagem. Controlar a equipe de vendas é fácil se você identificar oportunidades de expansão que põem os concorrentes na defensiva.

Filosoficamente, o sistema de Sun Tzu funciona quando você equilibra seus pontos fortes com os pontos fracos da concorrência. A maneira mais fácil de fazer isso é sendo ágil. Você quer levar novas idéias para seus clientes muito antes da concorrência. Tomar a iniciativa no mercado é o aspecto mais importante quando se expande o negócio.

Não importa se as vendas são boas hoje, sempre é sua tarefa melhorá-las amanhã. Isso significa que você deve identificar métodos com os quais pode expandir as vendas. Existem apenas duas formas de fazer isso: descobrir novos clientes que precisam de seu produto ou novas necessidades para seus produtos nos clientes existentes.

O mercado está sempre mudando. Novos produtos e novas necessidades criam oportunidades de expansão. Como gerente de vendas, você deve identificar problemas e oportunidades que geram e realocam seus recursos de vendas de forma adequada.

Bons gerentes de vendas são flexíveis ao se adaptar constantemente às oportunidades do mercado. Se você e sua empresa podem reagir mais rapidamente que os concorrentes, você vai manter a iniciativa e suas vendas serão bem-sucedidas.

Fraqueza e Força

Sun Tzu Disse:

¹Sempre chegue em primeiro lugar ao campo de batalha para esperar o inimigo da maneira que preferir.
Depois que o campo de batalha é ocupado e você corre para chegar até lá, a luta fica mais difícil.

³Você deseja uma batalha bem-sucedida.
Movimente os seus homens, mas não em forças opostas.

⁵Você pode fazer o inimigo vir até você.
Ofereça-lhe uma vantagem.
Você pode fazer o inimigo evitar vir até você.
Ameace-o com o perigo.

⁹Quando o inimigo estiver descansado, você poderá cansá-lo.
Quando ele estiver bem alimentado, poderá fazê-lo passar fome.
Quando ele estiver relaxado, poderá fazê-lo movimentar-se.

Oportunidades de Expansão

1 Como gerente de vendas, você deve sempre estar vários passos à frente de seus concorrentes.
Se seus concorrentes tiverem iniciativa, você terá problemas para aumentar as vendas.

Você quer que seus vendedores se saiam bem.
Você quer que eles façam novas vendas e não tirem vendas um do outro.

Você pode querer incentivar os concorrentes a seguir você.
Faça ofertas que eles possam igualar.
Você quer impedir seus concorrentes de copiar suas ofertas.
Faça ofertas que eles não consigam copiar.

Se seus concorrentes estão em uma posição confortável, desafie-os.
Se seus concorrentes estão satisfeitos, roube seus clientes.
Se seus concorrentes ficaram sem iniciativa, empurre-os para fora do mercado.

Deixe qualquer lugar sem pressa. 2
Corra para o lugar onde não é esperado.
Você pode facilmente marchar centenas de milhas sem se cansar.
Para fazer isso, viaje pelas áreas desertas.
Você deve se apropriar de tudo aquilo que atacar.
Ataque quando não houver defesa.
Você deve ter muralhas a defender.
Defenda quando é impossível atacar.

⁹Seja hábil no ataque.
Não dê ao inimigo nenhuma idéia de como se defender.

¹¹Seja hábil na sua defesa.
Não dê ao inimigo nenhuma idéia de como atacar.

Seja sutil! Seja sutil! 3
Chegue sem uma formação clara.
Como um fantasma! Como um fantasma!
Chegue sem fazer qualquer ruído.
Use toda a sua habilidade para controlar as decisões do inimigo.

⁶Avance onde ele não pode se defender.
Invista contra seus flancos.
Retire-se para onde o inimigo não possa persegui-lo.
Movimente-se com rapidez para que ele não consiga alcançá-lo.

2 Bons gerentes de vendas relutam em abandonar o negócio existente.
Ótimos gerentes de vendas são rápidos em abraçar novas oportunidades.
Você pode mudar de forma significativa o que, como e para quem vende.
Identifique as necessidades que não estão sendo satisfeitas.
As novas oportunidades devem se provar rapidamente.
Encontre nichos de produto onde não haja opções.
Proteja cada cliente e os mercados que sua equipe de vendas conquista.
Não deixe uma brecha para os concorrentes roubarem seus clientes e mercados.

Como gerente de vendas, sua tarefa é expandir seus negócios.
Identifique áreas de crescimento que estão sendo negligenciadas.

Como gerente de vendas, sua tarefa é proteger seu negócio.
Impeça sua equipe de vendas de criar alvos fáceis para os concorrentes.

3 Os gerentes de vendas precisam ser sensíveis às mudanças.
Observe a concorrência com a mente aberta.
Fique de olho em seu mercado sem chamar a atenção.
Apareça onde menos você é esperado.
Você pode controlar como os concorrentes vêem o mercado.

Amplie seu negócio onde os concorrentes estão tendo problemas.
Faça sua equipe reagir rapidamente.
Tire os vendedores de áreas onde os concorrentes os estão derrotando.
Reaja rapidamente antes que sua equipe desanime.

¹⁰Sempre escolha suas próprias batalhas.
O inimigo pode se esconder atrás de altas muralhas
e profundas trincheiras.
Não tente vencer lutando diretamente com ele.
Em vez disso, ataque um lugar que ele tenha de recapturar.
Evite as batalhas que você não quer lutar.
Você pode dividir o terreno e ainda assim defendê-lo.
Não dê ao inimigo nada para conquistar.
Distraia-o indo para o lugar que você está defendendo.

4 Faça os outros homens assumirem
posição, mas não assuma posição alguma.
Então concentre suas forças onde o inimigo divide as dele.
Onde você põe o foco, você une as suas forças.
Quando o inimigo divide, ele cria muitos grupos pequenos.
Você quer que o seu grupo grande ataque um dos
pequenos grupos dele.
Então, você tem muitos homens quando o inimigo tem poucos.
Sua força maior pode sobrepujar a pequena força dele.
Então, continue com o próximo grupo pequeno de inimigos.
Você pode vencê-los, um de cada vez.

5 Você deve manter em segredo o
lugar que escolheu como campo de batalha.
O inimigo não deve saber onde ele fica.
Force o inimigo a preparar sua defesa em muitos lugares.
Você quer que o inimigo defenda muitos lugares.

Você decide onde concentrar sua equipe de vendas.
Os oponentes podem proteger seus clientes extremamente bem.
Não os desafie diretamente.
Ao contrário, procure um novo mercado de que eles acabarão precisando.
Evite batalhas que você não pode vencer.
Encontre segmentos dos mercados dos concorrentes onde você tenha vantagem.
Concentre-se naqueles nichos que favorecem seus produtos.
Entre nos mercados dos concorrentes para que eles não invadam seus mercados.

4 Deixe os concorrentes fazerem escolhas enquanto você deixa suas opções em aberto.
Identifique os principais nichos que seus concorrentes estão negligenciando.
Adapte os territórios para concentrar a equipe de vendas nessas oportunidades.
Deixe seus concorrentes dividirem seus recursos entre diversas áreas.
Domine os concorrentes usando seus pontos fracos contra eles.
Concentre sua equipe de vendas em mercados onde os concorrentes são fracos.
Seu comprometimento com o mercado deixa clara a indiferença da concorrência.
Conquiste um nicho e então vá para o próximo.
Você aumenta as vendas em um segmento de mercado de cada vez.

5 Treine sua equipe para não contar aos concorrentes qual é seu foco de vendas.
Os concorrentes vão interpretar mal o que você está fazendo.
Nunca cometa o erro de dispersar seus recursos.
Você não pode ser o melhor em tudo.
Sua equipe precisa de uma meta clara.
Pergunte para sua equipe quem os concorrentes estão negligenciando.

⁷Se ele reforçar suas linhas de frente, descuidará da retaguarda.
Se reforçar a retaguarda, descuidará da linha de frente.
Se reforçar o flanco direito, descuidará do esquerdo.
Se reforçar o flanco esquerdo, descuidará do direito.
Sem conhecer o local de ataque, ele não poderá se preparar.
Sem conhecer o lugar certo, ele será fraco em todos os lugares.

¹³O inimigo tem pontos fracos.
Prepare os seus homens contra eles.
Ele tem pontos fortes.
Faça os homens dele se prepararem contra você.

Você deve conhecer o campo de batalha.
Deve saber qual é a hora da batalha.
Então, você pode viajar mil milhas e ainda assim vencer a batalha.

⁴O inimigo não deve conhecer o campo de batalha.
Ele não deve saber qual é o tempo da batalha.
O seu flanco esquerdo deve ser incapaz de apoiar o direito.
O direito deve ser incapaz de apoiar o esquerdo.
Suas linhas de frente devem ser incapazes de apoiar a retaguarda.
A retaguarda deve ser incapaz de apoiar as linhas de frente.
O seu apoio está longe mesmo que se encontre a apenas dez milhas de distância.
Que lugar desconhecido pode estar próximo?

¹²Você controla o equilíbrio das forças.
O inimigo pode ter muitos homens, mas eles são supérfluos.
Como eles podem ajudá-lo a obter a vitória?

Observe seus concorrentes quando eles mudam suas prioridades.
Cada mudança cria novas oportunidades para você.
Cada transferência de recursos enfraquece as posições existentes.
A falta de prioridades claras influencia negativamente a credibilidade da organização.
Se você fizer segredo de seu foco, seus concorrentes não imaginarão qual é ele.
A maioria vai tentar ser tudo para todos os mercados potenciais.

Seus concorrentes sempre têm pontos fracos.
Faça sua equipe de vendas atacá-los.
Seus concorrentes também têm seus pontos fortes.
Impeça sua equipe de atacá-los.

6 Treine sua equipe de vendas para conhecer seu nicho principal.
Mostre à sua equipe as tendências que influenciam os clientes.
Com o conhecimento certo, até vendas difíceis podem ser lucrativas.

Treine sua equipe de vendas para manter segredo acerca das informações sobre os clientes.
Treine sua equipe de vendas para não comentar seus planos de venda.
Quanto menos a concorrência souber, mais fraca ela será.
Incentive sua equipe a iludir os concorrentes.
Os concorrentes naturalmente vão interpretar errado seu atrativo de vendas.
Sua equipe de vendas deve encorajar essa tendência.
A concorrência pode ter potencial em seu nicho.
A ignorância de seus concorrentes é seu melhor amigo.

Informação é a fonte de todo o poder de venda.
Seus concorrentes podem ter uma equipe de vendas muito maior.
Vendedores que não sabem das coisas nunca são uma ameaça.

¹⁵Assim se diz:
Você deve deixar a vitória acontecer.

¹⁷O inimigo pode ter muitos homens.
Ainda assim, você pode controlá-lo sem lutar.

Quando você cria sua estratégia, conhece os pontos fortes e
fracos do seu plano.
Quando executa um plano, sabe como gerenciar a ação e a inação.
Quando assume uma posição, conhece os terrenos
fatais e os vencedores.
Quando entra na batalha, sabe quando tem homens
sobrando ou faltando.

⁵Use sua posição como seu eixo de guerra.
Chegue para a batalha sem uma formação.
Não assuma uma posição antecipadamente.
Assim, nem mesmo os melhores espiões poderão descrevê-la.
Nem mesmo o mais sábio general terá planos para se opor a você.
Assuma uma posição com a qual você poderá triunfar usando
números mais elevados.
Mantenha as forças oponentes na ignorância.
Todos descobrirão a sua localização depois que você
tiver êxito nela.
Ninguém deve saber que a sua localização lhe oferece uma
posição vencedora.
Que a batalha bem-sucedida seja aquela da qual o inimigo não
consegue se recuperar.
Você deve ajustar continuamente sua posição à dele.

Treine sua equipe de vendas.
As vendas vão para aqueles que têm conhecimento.

Seus concorrentes podem ter muitos pontos fortes.
Eles não conseguirão lutar se não tiverem informações importantes.

7 Ao planejar uma campanha de vendas, identifique tanto o que pode dar certo quanto o que pode dar errado.
Durante a campanha, estabeleça o que precisa ser feito e não deixe que as pessoas percam tempo.
Ao se concentrar em um segmento de mercado, saiba quais clientes são valiosos e quais não geram valor.
Você deve idealizar todas as campanhas e escolher os mercados que se adaptam ao tamanho de sua equipe de vendas.

Desenvolva sua campanha com base no histórico de sucesso de sua empresa.
Cada campanha deve ser oportunista.
Deixe que a situação em constante mudança dite suas políticas.
Mantenha os concorrentes no escuro o máximo de tempo possível.
Bons concorrentes sempre poderão reagir se você lhes der tempo.
Sua campanha deve se concentrar onde a concorrência é fraca.
Treine sua equipe de vendas para iludir os concorrentes.
Os concorrentes devem identificar seu mercado-alvo depois que os seus vendedores já estiverem entrincheirados nele.
Os concorrentes devem analisar a atratividade de suas propostas somente depois que for tarde demais para contra-atacar.
Os concorrentes só podem enfraquecer sua campanha se você lhes der tempo para reagir.
Adapte-se às ações dos concorrentes mais rapidamente do que eles podem se adaptar às suas.

Considere a sua posição militar como a água. 8
A água assume todas as formas.
Ela evita o lugar alto e vai para onde é baixo.
A sua guerra pode assumir qualquer forma.
Ela deve evitar os fortes e derrotar os fracos.
A água acompanha a forma da terra que dirige o seu fluxo.
As suas forças acompanham o inimigo que determina
como você vence.

⁸Faça a guerra sem uma abordagem-padrão.
A água não tem uma forma consistente.
Se você acompanha as mudanças e os truques do inimigo, sempre
descobre um modo de vencer.
Chamamos isso de sombra do inimigo.

¹²Faça cinco campanhas diferentes sem uma regra firme de vitória.
Use as quatro estações do ano sem uma posição consistente.
O seu momento oportuno deve ser repentino.
Algumas semanas determinam o seu fracasso ou sucesso.

A Arte da Guerra e Estratégia para Gerentes de Vendas

8 Bons gerentes de vendas são flexíveis.
A equipe de vendas deve ser treinada para se adaptar às situações.
Mantenha sua equipe fora de ciclos de vendas difíceis e se concentrando nos ciclos fáceis.
Boas vendas podem assumir várias formas.
Boas vendas evitam o que é difícil e oferecem o que é fácil.
Bons gerentes de vendas deixam a situação dar forma à sua oferta.
Se você seguir as indicações de seu cliente, vai desenvolver bons programas.

Evite ser muito rígido em suas políticas.
Sucesso constante exige ajuste constante.
Se você iguala as ofertas de seus concorrentes rapidamente, mantém a iniciativa.
Sua equipe de vendas deve monitorá-las.

Como gerente de vendas, você deve adaptar as regras à situação.
Em um ano, tudo em seu ambiente pode mudar.
Adapte-se às mudanças constantemente.
Você pode ficar para trás muito rapidamente se não se adaptar.

Capítulo 7

Conflito Armado: Política na Empresa

Os gerentes de vendas geralmente são pegos no fogo cruzado da política na empresa. Vender interfere em cada área da organização. Para ser um bom gerente de vendas, não é suficiente administrar bem o departamento.

Seu sucesso depende de um bom relacionamento profissional com cada área da empresa. Como os gerentes de vendas sabem, isso é sempre um desafio, dadas as responsabilidades distintas de cada divisão.

Os conflitos políticos dentro de uma empresa são sempre perigosos, sobretudo para os gerentes de vendas. Aqueles que se fizerem de alvo não sobreviverão.

Seu sucesso depende da realização das metas de vendas. Os conflitos políticos internos servem apenas para desviar seus esforços para atingir essas metas. Quanto mais recursos você dedicar às políticas internas, menos sucesso o departamento alcançará.

É possível controlar a maior parte do conflito na empresa, controlando as percepções das outras pessoas. Grande parte do trabalho com as outras áreas da empresa tem a ver com boas habilidades de comunicação, não apenas suas habilidades, mas também de todos os seus vendedores. Para facilitar seu trabalho, você deve incentivar o departamento de vendas a fazer amizades em toda a empresa.

Quanto mais motivada sua equipe de vendas estiver com a empresa, mais sucesso alcançará. Manter uma atitude positiva em seu departamento de vendas em relação à empresa e às outras áreas vai gerar uma atitude positiva com respeito ao departamento de vendas.

Conflito Armado

SUN TZU DISSE:

Todos utilizam as artes da guerra. 1
Você aceita ordens do governo.
Então, reúne um exército.
Você organiza os seus homens e constrói acampamentos.
Você deve evitar os reveses de um conflito armado.

⁶Entrar em um conflito armado pode ser desastroso.
Por isso, um desvio pode ser o caminho mais curto.
Por isso, os problemas podem se tornar oportunidades.

⁹Utilize um caminho indireto como estrada.
Busque obter uma vantagem para orientá-lo.
Quando ficar para trás, acelere o passo.
Quando estiver na dianteira, espere.
Você deve conhecer o desvio que vai fazer seu plano
dar certo imediatamente.

¹⁴Parta para o conflito armado quando tiver uma vantagem.
Buscar um conflito armado por si só é perigoso.

Política na Empresa

1 Cada departamento de sua empresa está jogando para ficar em melhor posição.
Cada um tem suas próprias responsabilidades na empresa.
Seja pessoalmente responsável pela equipe de vendas.
Você cria os sistemas de venda e impõe as políticas de venda.
Evite conflito com outros departamentos.

Você não consegue progredir se envolvendo em intrigas na empresa.
Contorne os problemas entre os departamentos.
Pense nesses problemas como oportunidades de melhorar.

Esteja disposto a se desviar de seu caminho para progredir.
Você pode sempre encontrar uma forma de melhorar qualquer situação.
Mude os procedimentos de vendas quando eles criarem gargalos.
Quando outros departamentos forem os gargalos, tenha paciência.
Encontre uma forma indireta de fazer com que esses departamentos melhorem sua situação.

Use a política na empresa quando isso produz melhorias de longo prazo.
Fazer intrigas apenas para vencer conflitos internos é fatal.

Você pode formar um exército para lutar por uma vantagem. 2
Então, você não alcança o inimigo.
Você pode forçar seu exército a lutar por uma vantagem.
Então, deixa de lado suas pesadas carroças de suprimentos.

⁵Você mantém apenas a sua armadura e vai ao encalço do inimigo.
Você não pára, seja dia ou noite.
Você usa muitas estradas ao mesmo tempo.
Percorre centenas de milhas para lutar por uma vantagem.
Então, o inimigo captura seus comandantes e seu exército.
Seus soldados mais fortes chegam primeiro.
Seus soldados mais fracos ficam para trás.
Usando essa tática, apenas um em cada dez chega lá.
Você pode tentar percorrer cinqüenta milhas para lutar
por uma vantagem.
Então, seus comandantes e seu exército irão cambalear.
Usando esse método, apenas metade de seus soldados
consegue chegar.
Você pode tentar percorrer trinta milhas para lutar
por uma vantagem.
Então, apenas dois em cada três soldados irão chegar lá.

¹⁸Se você fizer seu exército marchar sem uma boa quantidade de
suprimentos, ele morrerá.
Sem suprimentos e comida, seu exército morrerá.
Se você não economizar suprimentos, seu exército morrerá.

2 Você pode dedicar recursos para se envolver nos conflitos políticos.
Os gerentes de outros departamentos vão evitá-lo.
Você pode forçar sua equipe de vendas a se envolver em conflitos internos.
Então, você esquece que sua verdadeira tarefa é vender.

Você pode se defender e tentar provar que seus oponentes estão errados.
Você pode trabalhar dia e noite.
Você pode tentar cobrir todas as bases.
Você pode mover montanhas para desacreditar um rival interno.
Então, seu rival se concentrará nas deficiências do departamento de vendas.
As boas vendas que você fez são esquecidas.
Os erros que você cometeu são o foco da discussão.
Apenas uma pequena parte de seus esforços será recompensada.
Você pode fazer movimentos mais sutis ao se envolver nos conflitos políticos.
Mesmo assim, você ainda terá problemas.
Você conseguirá apenas parte do sucesso que poderia ter.
Não saia de seu caminho para fazer o jogo da política.
Isso custa mais do que vale.

Sem o verdadeiro apoio de cada departamento da empresa, você não consegue vender.
Sem produtos e serviços, você não consegue vender.
Se você não conserva os recursos da empresa, você não consegue vender.

²¹Não deixe que nenhum dos seus inimigos potenciais saiba o que você está planejando.
Mas você não deve hesitar em formar alianças.
Você precisa conhecer montanhas e florestas.
Precisa saber onde estão os obstáculos.
Precisa saber onde ficam os pântanos.
Se você não sabe, não consegue colocar o exército em marcha.
Nesse caso, deve usar guias locais.
Sem esses conhecimentos, você não consegue tirar vantagem do terreno.

O logro é a base de uma guerra. 3
Se você usa esse estratagema, então consegue avançar.
Através do logro, você pode desbaratar o inimigo e dar uma reviravolta na situação.
Você pode ser tão rápido quanto o vento.
Pode ser imponente como a floresta.
Você pode invadir e destruir como o fogo.
Pode ser tão firme como uma montanha.
Pode ser tão misterioso como a névoa.
Pode assustar como um forte trovão.

¹⁰Divida suas tropas para saquear as vilas.
Quando se está em campo aberto, dividir as forças é uma vantagem.
Não se preocupe com organização; apenas prossiga.
Seja o primeiro a descobrir um novo caminho que leve diretamente a um plano vitorioso.
É assim que você vence em um conflito armado.

Impeça que seus oponentes saibam como pretende mudar os procedimentos de vendas.
Sempre procure aliados na empresa.
Conheça a alta gerência, bem como os outros funcionários.
Saiba onde estão os possíveis obstáculos.
Saiba onde seu progresso pode ser retardado.
Se você não souber, não vai melhorar seu departamento de vendas.
Tenha amigos em todos os departamentos.
Se você não tiver, não será promovido na empresa.

3 Controle as aparências para ser bem-sucedido nas políticas da empresa.

Você só progride quando controla as aparências.
Mudando a política e os procedimentos, você pode apaziguar os oponentes e melhorar as operações.
Você pode mudar as políticas rapidamente com um leve toque.
Você pode revolucionar gradualmente os sistemas.
Você pode ganhar capital político fazendo grandes vendas.
Você pode evitar atenção indesejada parecendo sólido.
Você pode se movimentar silenciosamente atrás dos bastidores.
Você pode fazer barulho para chamar a atenção.

Divida seus vendedores para que façam contatos com outros departamentos.
Evite conflito interno tendo amigos em toda a empresa.
Não se preocupe com a alta gerência; resolva os problemas rapidamente.
Sua equipe de vendas deve sempre buscar melhores formas de trabalhar com as outras pessoas na empresa.
É assim que você se sai bem com as políticas da empresa.

A experiência militar diz: 4
"Você pode falar, mas sua voz não será ouvida.
Você deve usar gongos e tambores.
Você não consegue realmente enxergar seu exército apenas pela observação.
Você deve usar estandartes e bandeiras".
⁶Você deve saber usar muito bem os gongos, tambores, estandartes e bandeiras.
Posicione as pessoas, como uma só unidade, onde todas possam ver e ouvir.
Você deve uni-las como se fossem uma só.
Assim, os corajosos não podem avançar sozinhos.
Os covardes não podem bater em retirada sozinhos.
Você deve forçá-los a agir como um grupo.
¹²Nas batalhas noturnas, você deve usar muitas tochas e tambores.
Em batalhas diurnas, deve usar muitos estandartes e bandeiras.
Você deve posicionar seus soldados de modo a controlar o que eles vêem e ouvem.

Você controla o seu exército controlando o seu moral. 5
Como general, você deve ser capaz de controlar as emoções.
³De manhã, a energia de uma pessoa é maior.
Durante o dia, ela diminui.
À noite, os pensamentos de uma pessoa se voltam para a sua casa.
Você deve utilizar seus soldados com sabedoria.
Evite o momento em que o inimigo está com a moral alta.
Ataque quando soldados seus estiverem indolentes e saudosos de casa.
É assim que você administra a energia.

A Arte da Guerra e Estratégia para Gerentes de Vendas

4 Comunicação é o segredo da política.
O sucesso de seu departamento de vendas não falará por si próprio.
Promova o sucesso de vendas para ganhar capital.
Você não consegue saber exatamente o que sua equipe de vendas está fazendo.
Tenha bons sistemas de geração de relatórios de vendas.
Use divulgação e promoção para obter a atenção da alta gerência.
Cuide para que seu sucesso em vendas seja de conhecimento de todos.
Comemore os êxitos em vendas para manter a empresa unida.
Não permita que seus vendedores levem o crédito sozinhos.
Insista em compartilhar o crédito com todos os envolvidos.
Você quer que sua equipe de vendas trabalhe com os outros.
Quanto menos significativo seu progresso em vendas, mais visibilidade ele precisa.
Mesmo quando o progresso é claro, você deve fazer propaganda.
Você deve ter canais de comunicação em toda a empresa para controlar as impressões.

5 Você controla sua equipe de vendas mantendo-a motivada.
Como gerente de vendas, você determina como a equipe se sente em relação à empresa.
Quando os vendedores são recém-contratados, eles estão motivados com a empresa.
À medida que o tempo passa, a motivação diminui.
Quando a motivação acabar, você tem de dispensá-los.
Gerencie sua equipe de vendas bem.
Não critique os vendedores que têm muito entusiasmo.
Critique os vendedores quando eles são indolentes e desinteressados.
É assim que você mantém a motivação de uma equipe de vendas.

[10]Discipline-se para esperar o caos da batalha.
Mantenha-se calmo para esperar uma crise.
É assim que você controla a emoção.

[13]Fique perto de casa para esperar um inimigo que vem de longe.
Acomode-se para esperar um inimigo cansado.
Alimente-se bem para esperar um inimigo faminto.
É assim que você controla a força.

[6]Não provoque o inimigo quando as fileiras dele estiverem organizadas.
Você não deve atacar quando as formações do inimigo forem sólidas.
É assim que você domina a arte da adaptação.

[4]Você deve respeitar as seguintes regras militares:
Não se posicione diante de uma colina.
Não invista contra aqueles que estão em desvantagem.
Não persiga os que fingem bater em retirada.
Não ataque os homens mais fortes do inimigo.
Não morda a isca do inimigo.
Não impeça a passagem de um exército que está voltando para casa.
Deixe uma saída para um exército cercado.
Não pressione um inimigo desesperado.
É assim que você usa as habilidades militares.

A Arte da Guerra e Estratégia para Gerentes de Vendas 100

Use a disciplina de vendas para evitar problemas internos.
Mantenha-se calmo em cada crise.
Você deve controlar as emoções de todos.

Fique em sintonia com a venda e espere críticas de que não está.
Administre bem as vendas e espere críticas dos maus gerentes.
Faça vendas rentáveis e espere críticas de quem é menos rentável.
É assim que você aumenta sua influência.

6 Não atraia críticas dos melhores gerentes da empresa.
Você deve evitar conflitos com aqueles que estão fazendo
um bom trabalho.
Você deve ser flexível o suficiente para admitir seus erros.

A gestão de vendas tem suas regras:
Não se oponha ao ponto de vista dos altos executivos.
Não critique sem oferecer soluções.
Não imite as pessoas que fracassaram no passado.
Não menospreze os gerentes bem-sucedidos da empresa.
Não acredite em tudo que você ouve.
Não entre em conflito com pessoas que estão para se desligar
da empresa.
Deixe que qualquer pessoa a quem você se oponha
salve as aparências.
Não pressione demais uma pessoa.
Essa é a estratégia de gestão de vendas.

Capítulo 8

Adaptabilidade: Decisões Cruciais

Sua empresa depende de você como gerente de vendas para tomar certas decisões cruciais. Apenas os gerentes de vendas estão em uma posição de reconhecer problemas emergentes e resolvê-los rapidamente. Este capítulo serve como introdução para os próximos três, que tratam de diferentes tipos de situações e como lidar com elas de forma correta. Ninguém além do gerente de vendas está posicionado para reconhecer essas situações e escolher o curso de ação adequado.

À medida que o ritmo de mudança no negócio aumenta, cabem aos gerentes de vendas decisões cada vez mais cruciais. Como gerente de vendas, você é a primeira pessoa a tomar decisões críticas que atua na linha de frente de seu negócio. As estratégias bem-sucedidas devem ser dinâmicas, pois o mundo está sempre mudando. Se você não entende como lidar com as mudanças, não terá sucesso como gerente de vendas.

Nenhuma política ou procedimento de vendas é sagrado. Nem seus métodos nem seus planos podem ser esculpidos em pedra. Não importa com que eficácia eles funcionaram no passado, você deve ser capaz de mudá-los à medida que a situação justifique.

Você deve tomar a iniciativa de confundir os concorrentes da empresa. Ou você usa as mudanças no negócio para manipular seus concorrentes ou eles usarão as mesmas mudanças para manipulá-lo.

Você também é responsável por identificar as falhas de caráter de seus vendedores que podem impedir que eles se adaptem ao novo mundo de negócios tão dinâmico.

Adaptabilidade

Sun Tzu Disse:

Todos usam as artes da guerra. 1
Como general, você recebe ordens do governo.
Você reúne suas tropas.
Em terreno perigoso, você não deve levantar acampamento.
É na intersecção de estradas que você deve se juntar
aos seus aliados.
Quando uma área for isolada, não demore muito tempo nela.
Quando você estiver cercado, deve pensar em uma estratégia.
Em uma situação de vida ou morte, você deve lutar.
Há estradas que não deve usar.
Há exércitos que não deve enfrentar.
Há fortalezas que não deve atacar.
Há posições que não deve defender.
Há ordens do governo a que não deve obedecer.

[14]Os líderes militares devem ser especialistas em se adaptar
para obter vantagem.
Isso lhe ensinará como se faz a guerra.

[16]Alguns comandantes não sabem se adaptar para obter vantagem.
Eles podem conhecer a conformação do terreno.
Mas não conseguem encontrar uma posição
que lhes dê vantagem.

Decisões Cruciais

1 Todos os gerentes de vendas devem pensar estrategicamente.
Como gerente de vendas, você extrai as metas de vendas da empresa.
Você contrata sua equipe de vendas.
Quando o negócio é difícil, os gerentes de vendas não podem relaxar.
Quando as vendas requerem parceiros, os gerentes de vendas fazem novas parcerias.
Quando os mercados não levam a lugar nenhum, os gerentes de vendas não os abandonam.
Quando o negócio está perdendo a força, os gerentes de vendas inovam.
Quando parece que as alternativas estão se esgotando, os gerentes de vendas não desistem.
Você próprio pode escolher caminhos que levem a mais oportunidades.
Você próprio pode identificar clientes que pode conquistar facilmente.
Você próprio pode escolher os concorrentes que são vulneráveis.
Você próprio pode estabelecer posições que são fáceis de defender.
Você deve fazer o que sua empresa precisa, não apenas o que as pessoas querem.
Bons gerentes de vendas sabem adaptar constantemente seus planos para criar novas oportunidades.
Quando você testa suas idéias, aprende quais abordagens são melhores.
Alguns gerentes de vendas não conseguem mudar seu ponto de vista para enxergar suas oportunidades.
Você pode conhecer bem seu negócio.
Você também deve identificar oportunidades de melhorar sua situação.

[19] Alguns comandantes militares não sabem como adaptar seus métodos.
Podem até encontrar uma posição que lhes dê vantagem.
Mas não conseguem usar seus homens com eficiência.

Você deve ser criativo em seu planejamento. 2
Você deve se adaptar às oportunidades e aos pontos fracos.
Você pode usar uma série de táticas e ainda assim obter um resultado favorável.
Você deve se adaptar aos diferentes problemas que aparecem e resolvê-los de forma sistemática.

Você pode usar os pontos fracos de um inimigo contra ele 3 para derrotá-lo.
Você pode manter ocupado o exército do seu inimigo potencial dando-lhe o que fazer.
Você pode levar o seu inimigo a se precipitar, oferecendo-lhe uma posição vantajosa.

Você deve fazer uso da guerra. 4
Não presuma que o inimigo não virá.
Conte com sua prontidão em enfrentá-lo.
Não presuma que o inimigo não atacará.
Conte com sua habilidade em escolher um lugar que o inimigo não possa atacar.

Outros gerentes de vendas conseguem enxergar novas oportunidades, mas não são capazes de adaptar suas políticas de venda.
Faça mais do que enxergar as oportunidades.
Possibilite que os vendedores aproveitem essas oportunidades.

2 Você deve mudar seus procedimentos de vendas.
Encontre novos atalhos e resolva os problemas crônicos.
Quanto mais rápidas as mudanças no negócio, mais adaptações você precisa fazer para manter a consistência.
Cada problema em gestão de vendas representa uma nova oportunidade de melhoria.

3 É sua responsabilidade como gerente de vendas identificar os principais pontos fracos de seus concorrentes.
Se você está fazendo seu trabalho corretamente, seus concorrentes devem se adaptar ao que seus vendedores estão fazendo.
Se você deixar que a isca certa tente seus concorrentes, pode atraí-los para situações difíceis.

4 É tarefa do gerente de vendas se preocupar com os concorrentes.
Pergunte a seus vendedores o que os concorrentes estão fazendo.
Então, você conseguirá ficar à frente da concorrência.
Pergunte a seus vendedores onde estão os pontos fracos de sua empresa.
Então, você conseguirá lidar com esses pontos fracos antes que seus concorrentes possam explorá-los.

Você pode explorar os cinco diferentes defeitos de um líder. 5
Se ele estiver disposto a morrer, você deve matá-lo.
Se ele quiser sobreviver, pode capturá-lo.
Ele pode ter um temperamento explosivo.
Então, você pode provocá-lo com insultos.
Se ele tiver um senso de honra suscetível, você pode desacreditá-lo.
Se ele gostar dos seus comandados, você pode criar-lhe problemas.
Em cada situação, procure identificar esses cinco pontos fracos.
São defeitos comuns dos comandantes.
Eles sempre resultarão em fracasso militar.

"Para aniquilar um exército, você deve matar seu general.
Para conseguir isso, deve explorar esses cinco pontos fracos.
Você deve sempre procurar identificá-los em seu inimigo.

5 Você deve identificar as falhas de caráter de seu pessoal de vendas.
Se os vendedores são confiantes demais, eles alienam os clientes.
Se falta coragem aos vendedores, eles não fazem visitas.
Se os vendedores são temperamentais, eles perdem tempo.
Se os vendedores são suscetíveis à rejeição, eles não conseguem fazer vendas.
Se os vendedores não conseguem aceitar críticas, eles não podem ser corrigidos.
Se os vendedores querem ser populares, eles deixam o lucro de lado.
Em cada discussão, procure sinais desses problemas.
Uma carreira em vendas atrai pessoas com esses defeitos.
Uma equipe de vendas com esses defeitos leva ao desastre.

Para formar um departamento de vendas bem-sucedido, você deve sobreviver.
Você deve estar ciente das próprias fraquezas.
Você deve analisá-las objetivamente.

Firmamento
Movimentação
Terreno

Capítulo 9

Marcha Armada: Sobrepujando os Concorrentes

Como gerente de vendas, você deve saber ensinar sua equipe a superar a concorrência. Estrategicamente, você não quer que ela ataque os concorrentes. Ao contrário, você quer que ela os sobrepuje. Isso significa trabalhar de forma a colocar seus concorrentes em constante desvantagem.

A estratégia é um processo que sempre depende da situação. Diferentes situações de venda exigem reações competitivas diferentes de sua equipe. Seus vendedores devem reconhecer a categoria da situação de venda em que ela está. Os vendedores também devem saber como você quer que eles reajam à situação.

Estrategicamente, uma boa ética é um aspecto fundamental para reagir às ameaças da concorrência. A pressão dos concorrentes pode tentar os vendedores a cometer erros bobos, que mostram falta de visão. Como gerente de vendas, você deve dar um exemplo claro e ético para sua equipe.

Cada vendedor, inevitavelmente, encontra obstáculos insuperáveis no processo de venda. Um gerente de vendas deve ensinar sua equipe a não desperdiçar tempo com esses obstáculos, mas contorná-los.

Sendo o principal recurso de informação de um departamento de vendas, os gerentes estão mais bem posicionados para entender o que está acontecendo com os concorrentes. Sun Tzu cita uma longa lista de maneiras de interpretar a situação de seus concorrentes com base nos sinais do mercado.

No final, levar vantagem sobre os concorrentes significa recrutar as pessoas certas e treiná-las corretamente. Sem pessoal treinado suficiente, você não consegue combater a concorrência com eficácia.

Marcha Armada

Sun Tzu Disse:

Quando alguém coloca um exército em marcha, deve 1
se adaptar ao inimigo.
Quando você for pego de surpresa nas montanhas, vá pelos vales.
Posicione-se em terrenos altos e banhados pelo sol.
Para vencer uma batalha, sempre ataque de cima para baixo.
É assim que você posiciona o seu exército nas montanhas.

[6]Quando a água bloqueia sua passagem, afaste-se dela.
Deixe que o inimigo cruze o rio e espere por ele.
Não vá ao encontro dele no meio do rio.
Espere que metade do exército do inimigo atravesse o rio e, então,
tire vantagem da situação.

[10]Você deve estar em condições de lutar.
Isso não é possível se o seu exército for surpreendido pelo
inimigo na água.
Posicione-se rio acima, voltado para o sol.

Nunca fique contra a corrente.
Sempre posicione o seu exército rio acima quando estiver perto
de um curso d'água.

Sobrepujando os Concorrentes

1 Você gerencia uma equipe de vendas bem-sucedida sobrepujando os concorrentes.
Em grandes empresas, os vendedores fazem progresso em níveis hierárquicos mais baixos.
Ensine-os a tentar chegar aos tomadores de decisão em níveis mais altos, mais visíveis.
Sua equipe de vendas não consegue se sair bem se indispondo com a alta gerência.
É assim que sua equipe de vendas deve trabalhar em grandes empresas.

Mantenha seu pessoal longe de clientes potenciais que estão se reorganizando.
Deixe que seus concorrentes percam tempo no meio do caos da mudança.
Seus vendedores não devem competir diretamente nessas situações.
Quanto mais complicados seus concorrentes ficarem, mais oportunidades haverá para seus vendedores.

Você tem de defender seu negócio atual. Seus vendedores devem manter os concorrentes longe das contas que estão se reorganizando.
Treine-os para posicionar sua empresa para o futuro.
Ensine-os a não lutar contra as transições de um cliente.
Sua equipe de vendas deve aprender a passar pelas transições do cliente.

¹⁵É possível que você tenha de atravessar pântanos.
Cruze-os depressa e sem parar.
É possível que você encontre o inimigo no meio do pântano.
Você deve se manter perto das plantas aquáticas.
A floresta deve lhe servir de retaguarda.
É assim que você posiciona o seu exército em um pântano.

²¹Em terreno plano, ocupe uma posição que lhe dê espaço de manobra.
As montanhas devem estar na sua retaguarda e à direita.
Fique de frente para o inimigo e com a retaguarda em segurança.
É assim que você se posiciona em terreno plano.

²⁵Você pode obter vantagem nas quatro situações.
Aprenda com o grande imperador que utilizou sua posição para derrotar quatro rivais.

O exército é mais forte em terrenos elevados e mais fraco em terras planas.
É melhor acampar ao sul da colina, banhado pelo sol, do que ao norte, à sombra.
Zele pela saúde de seu exército e posicione seus homens corretamente.
Seu exército estará livre de doenças.
Se você assim proceder, a vitória estará assegurada.

⁶Às vezes, é preciso se defender em uma colina ou na margem de um rio.
Você deve manter os soldados ao sul, do lado ensolarado.
A rampa da colina deve estar em sua retaguarda à direita.
⁹Isso dará vantagem ao seu exército.
E sempre fortalecerá sua posição.

Seus vendedores podem entrar em situações complicadas de venda.
Treine seus vendedores para passarem por esses processos de vendas rapidamente.
Treine seus vendedores para serem competitivos em contas confusas.
Eles devem estabelecer uma posição de venda.
Não deixe que os concorrentes coloquem seus vendedores em situações problemáticas.
Seus vendedores devem evitar passos em falso ou terreno incerto.

Na maior parte das contas, seus vendedores devem manter suas opções em aberto.
Incentive-os a tentar chegar até a gerência de uma empresa.
Fique de olho na concorrência e prepare uma posição de retirada.
É assim que sua força de vendas se sai bem em contas típicas.

Sua força de vendas deve estar preparada para vencer em qualquer situação.
Os melhores gerentes de vendas conseguem diagnosticar cada situação e instruir seus vendedores corretamente.

2 Uma equipe de vendas com boa ética é melhor que uma sem ética.
Institua altos padrões éticos e deixe-os visíveis para não incentivar segredos e negócios questionáveis.
Os padrões éticos mantêm os vendedores honestos.
Isso impede que exista um cinismo destrutivo.
Os bons valores são a única base para o sucesso a longo prazo.

Às vezes, você é forçado a defender o erro de um vendedor.
Como gerente de vendas, seja honesto em relação à situação.
Paute-se por princípios sólidos.

Princípios sólidos conferem uma vantagem à sua força de vendas.
Os princípios criam unidade, que é a fonte do poder.

³Pare de marchar se a chuva formar torrentes no rio.
Você pode querer atravessar o rio a vau.
Espere até que as águas baixem.

⁴Por toda parte existem correntes de água sazonais, nas montanhas, que podem deixá-lo isolado.
Há lagos sazonais.
Há barreiras sazonais.
Há florestas sazonais.
Há enchentes sazonais.
Há fendas sazonais.
Saia desses lugares o mais rápido possível.
Não chegue perto deles.
Mantenha-se sempre afastado desses locais.
Atraia o inimigo para perto deles.
Mantenha-se sempre de frente para esses terrenos perigosos.
Empurre o inimigo para eles.

¹⁶O perigo pode estar nos flancos de seu exército.
Há represas e lagos.
Há juncos e moitas.
Há bosques nas montanhas.
Sua vegetação densa serve de esconderijo.
Vasculhe tudo cuidadosamente.
Nesses lugares, sempre pode haver uma emboscada.

3 Não deixe que sua equipe de vendas se confronte com obstáculos desnecessários.

Um vendedor costuma se precipitar.

Seu trabalho às vezes é aconselhar paciência.

Todos em sua equipe de vendas acabam encontrando um obstáculo.

Existem os que se opõem.

Existem os que controlam.

Existem os que desperdiçam tempo.

Existem os que acabam com a negociação.

Existem os advogados.

Ensine sua equipe a contornar esses obstáculos rapidamente.

Uma equipe de vendas não pode investir tempo de venda em obstáculos profissionais.

Desencoraje relacionamentos com essas pessoas.

Incentive seu pessoal a deixar uma brecha para os concorrentes.

Faça seu pessoal identificar essas barreiras a vendas.

Cuide para que seus concorrentes sejam atrapalhados por essas barreiras.

Os gerentes de vendas devem identificar ameaças ocultas a vendas.

Esteja ciente do excesso de estoque.

Esteja ciente de acordos problemáticos.

Esteja ciente dos clientes insatisfeitos.

Essas dificuldades podem servir de base para um ataque da concorrência.

Identifique e resolva esses problemas.

Não dê munição para os concorrentes usarem contra seu departamento de vendas.

4

Às vezes, o inimigo está próximo, mas permanece quieto.
Pode contar que ele está em um lugar seguro.
Outras vezes, ele está distante, mas o desafia para a batalha.
O inimigo quer que você ataque.

⁵Às vezes, ele muda o acampamento de posição.
É porque está procurando um lugar mais favorável.

⁷As árvores estão se mexendo.
Pode contar que o inimigo está avançando.
A grama alta atrapalha sua visão.
Desconfie.

¹¹Os pássaros levantam vôo.
Pode contar que o inimigo está escondido, de tocaia.
Os animais se assustam.
Pode esperar um ataque iminente.

¹⁵Preste atenção na poeira.
Às vezes, colunas de poeira elevam-se no horizonte.
Os veículos do inimigo estão se aproximando.
A poeira parece baixa e se espalha por uma vasta área.
A infantaria se aproxima.
Há nuvens de poeira espalhadas em várias áreas.
O inimigo está recolhendo lenha.
A poeira é esparsa e está se assentando.
O inimigo está levantando acampamento.

4 Os gerentes de vendas devem monitorar os concorrentes constantemente.
Os concorrentes confiam nas suas contas mais seguras.
Impeça seus vendedores de atacar esses concorrentes.
Atacar a concorrência entrincheirada desacredita sua equipe de vendas.

Os concorrentes mudam seu foco de mercado.
Eles estão procurando novas oportunidades.

Preste atenção nas mudanças semelhantes em diferentes territórios de venda.
Isso significa que a ameaça da concorrência está se formando.
Pode ser que você não consiga ver qual concorrente está por trás dessa ameaça.
Desconfie.

Preste atenção quando de repente os compradores ficarem retraídos.
Desconfie, pois os concorrentes estão planejando uma surpresa.
Seus clientes estão preocupados.
Um concorrente está desafiando você.

Sonde os vendedores para saber os rumores sobre os concorrentes.
Os vendedores sabem dos concorrentes pelos principais tomadores de decisão.
Isso prenuncia uma manobra agressiva.
Os vendedores sabem notícias sobre os concorrentes de muitas pessoas de níveis hierárquicos mais baixos.
Isso significa que os concorrentes têm muitas pessoas trabalhando no mercado.
As notícias sobre os concorrentes estão espalhadas por vários territórios.
Isso significa que os concorrentes estão escolhendo as contas de clientes a dedo.
As notícias sobre os concorrentes estão escasseando.
Isso significa que os concorrentes estão inativos.

5

O inimigo fala com humildade enquanto arregimenta suas forças.
Ele planeja avançar.

³O inimigo fala com agressividade e parece que vai avançar.
Ele planeja bater em retirada.

⁵Os veículos leves partem primeiro.
Eles tomam posição nos flancos do exército.
Estão se colocando em posição de batalha.

⁸O inimigo propõe a paz, mas não um acordo.
Ele está tramando alguma coisa.

¹⁰Os soldados do inimigo se apressam em partir, mas
se mantêm alinhados.
Prepare-se para a ação.

¹²Metade dos soldados inimigos avança e a outra metade recua.
O inimigo está tentando enganá-lo.

¹⁴O inimigo pretende lutar, mas seus homens não saem do lugar.
Eles estão morrendo de fome.

¹⁶Os que trazem água são os primeiros a bebê-la.
Eles estão morrendo de sede.

¹⁸O inimigo vê uma vantagem, mas não avança.
Os soldados estão cansados.

5 Seus concorrentes parecem pessimistas, mas estão contratando pessoal.
Prepare seus vendedores para uma nova campanha da concorrência.

Seus concorrentes fazem exigências sem sentido e falam sobre novos mercados.
Prepare seus vendedores para consolidar o negócio.

Seus concorrentes fazem mudanças rápidas.
Eles reorganizam a oferta de produto.
Prepare seus vendedores para uma pressão da concorrência.

Seus concorrentes alegam que querem aliar-se com sua empresa sem um plano claro.
Prepare seus vendedores para uma traição.

Seus concorrentes enviam mensagens confusas sobre suas intenções.
Prepare-se para uma mudança de direção.

Seus concorrentes se retiram de algumas áreas e transferem-se para outras.
Eles estão tentando sobrepujar sua equipe de vendas.

Seus concorrentes começam a oferecer descontos que não fazem sentido.
Ensine sua equipe de vendas a retratar os concorrentes como desesperados.

Seus concorrentes começam a pedir pagamento em dinheiro.
Ensine sua equipe a questionar a estabilidade dos concorrentes.

Seus concorrentes têm uma oportunidade clara, mas não vão atrás dela.
Eles esticam demais seus recursos.

²⁰Os pássaros voam em bando.
Seu inimigo abandonou o acampamento.

²²Ouvem-se clamores dos soldados durante a noite.
Eles estão amedrontados.

²⁴Os soldados do inimigo estão indisciplinados.
Não levam seu comandante a sério.

²⁶Os estandartes e as bandeiras do inimigo ficam mudando de posição.
Instalou-se a desordem.

²⁸Os oficiais do inimigo se irritam com facilidade.
Eles estão fatigados.

³⁰Os soldados do inimigo matam os cavalos para comer.
Estão sem provisões.

³²Eles não tiram os pratos da frente nem retornam às barracas.
Estão desesperados.

³⁴Os soldados inimigos parecem sinceros e dispostos.
Mas os homens demoram a se comunicar entre si.
Eles estão desunidos.

³⁷O inimigo recompensa demais seus soldados.
Ele está com problemas.
³⁹O inimigo aplica muitas punições a seus soldados.
Eles estão esgotados.

Os clientes correm para seu produto.
Seus concorrentes deixaram de lado alguma parte do mercado.

Os vendedores de seus concorrentes pedem informações para seu pessoal.
Ensine sua equipe de vendas a ver isso como um sinal de medo.

Os vendedores dos concorrentes estão fazendo exigências absurdas.
Ensine sua equipe de vendas que eles não devem ser levados a sério.

Os concorrentes estão passando por uma reorganização.
Ensine sua equipe de vendas a tirar vantagem da confusão.

Os melhores vendedores de seus concorrentes estão frustrados.
Ensine seus vendedores a tirar vantagem da frustração deles.

Seus concorrentes cortaram as verbas de viagem.
Ensine sua equipe de vendas a tirar vantagens dessas limitações.

Seus concorrentes param de atender os clientes.
Ensine sua equipe de vendas a tirar vantagem dos passos em falso deles.

Seus concorrentes parecem profissionais e dedicados.
A comunicação na empresa é ruim.
Ensine sua equipe de vendas a tirar vantagem das divisões internas.

Seus concorrentes oferecem incentivos demais para o cliente comprar.
Ensine sua equipe de vendas que isso significa que eles estão com problemas.
Seus concorrentes começam a impor prazos aos clientes.
Ensine sua equipe de vendas que os clientes não gostam de pressão.

⁴¹O inimigo o enfrenta com grande ímpeto no início, mas depois tem medo de seu exército superior.
Os seus homens mais preparados ainda não chegaram.

⁴³O inimigo adota um tom conciliador.
Ele precisa descansar e se recuperar.

⁴⁵O inimigo está exaltado e parece disposto a lutar.
Essa situação se prolonga, mas ele não ataca.
Tampouco deixa o campo de batalha.
Tome muito cuidado com ele.

6

Se você está fraco demais para lutar, encontre mais homens.
Nessa situação, você não deve agir com agressividade.
Você deve unir suas forças.
Prepare-se para enfrentar o inimigo.
Recrute mais soldados e permaneça onde está.

⁶Seja prudente ao fazer planos e adapte-os ao inimigo.
Você precisa reunir mais homens.

Seus concorrentes primeiro atacam seus produtos e, então, tentam aliar-se à sua empresa.
Ensine sua equipe de vendas que isso significa que eles estão ganhando tempo.

Os concorrentes tentam colaborar com sua equipe de vendas.
Ensine sua equipe que isso significa que eles precisam de ajuda.

Os concorrentes parecem agressivos e querem seus negócios.
Eles estão sempre em seu mercado, mas não vão atrás de seus clientes.
Eles também não perdem os próprios clientes.
Ensine sua equipe de vendas para ficar de olho nesses concorrentes.

6 Um gerente de vendas deve aumentar a equipe quando ela for muito pequena.
Quando sua equipe de vendas está sobrecarregada, você não consegue aumentar as vendas.
Reúna sua equipe de vendas.
Você se prepara contra os concorrentes.
Contrate novos vendedores, mas espere para expandir.

Seja cuidadoso em relação a abrir novos territórios e ao mesmo tempo procurar oportunidades de expansão.
Primeiro, seus novos vendedores devem ser treinados.

Você só pode depender de soldados inexperientes e indolentes 7
caso os disciplinar.
Eles tendem a desobedecer às suas ordens.
Se eles não lhe obedecem, são inúteis.

⁴Você pode depender de soldados experientes e dedicados.
Mas deve evitar puni-los sem motivo.
Caso contrário, não poderá utilizá-los.

⁷Você deve controlar seus soldados com o espírito de união.
Você deve uni-los através das vitórias.
Você deve fazê-los acreditar em você.

¹⁰Dê instruções claras, que facilitem o entendimento dos seus
soldados, por meio de treinamento.
Dessa forma, eles lhe obedecerão.
Se você não facilita o entendimento sendo claro, é impossível
treinar seus soldados.
Assim, eles não lhe obedecem.

¹⁴Suas ordens devem ser claras.
Você precisa entender como um grupo pensa.

7 Monitore os vendedores novatos e sem experiência e corrija-os no ato para treiná-los adequadamente.
Caso contrário, eles vão desrespeitar as diretrizes estabelecidas.
Se eles não entenderem seu processo de venda, não conseguirão se sair bem.

Trate os vendedores experientes e já estabelecidos de forma diferente.
Evite questionar suas decisões com freqüência.
Se você fizer isso, vai perdê-los.

Infunda um espírito de trabalho em equipe em seus vendedores.
Una os vendedores conseguindo vendas através do trabalho em equipe.
A base da confiança dos vendedores é seu sucesso.

Dê instruções claras para que sua equipe de vendas saiba o que você espera dela quando você a gerencia.
Dessa forma, ela vai seguir você.
Se você não facilita o entendimento, não sendo claro sobre o que você quer de sua equipe, você não consegue gerenciá-la.
Ela vai parar de ouvir você.

Facilite as coisas para seu pessoal vender.
Entenda como os concorrentes e clientes pensam.

Capítulo 10

地形

Posição no Campo: Direcionando a Equipe de Vendas

Gerenciar a equipe de vendas é como reunir gado. Exige uma visão estratégica de sua situação. Como gerente de vendas, você deve entender a situação de seus vendedores bem o suficiente para orientá-los. Você também deve conseguir julgar por que eles se saem bem ou fracassam. Este capítulo analisa várias questões com respeito a orientar adequadamente sua equipe de vendas.

O bom gerenciamento começa com o conhecimento de que tipos de vendas a equipe está fazendo. Você não quer apenas ter certeza de que ela está usando seu tempo com os melhores clientes potenciais, mas também que ela está adotando a melhor abordagem possível. Nem todas as situações de venda são iguais. A descrição de Sun Tzu dos seis tipos de posições em campo nos dá um modelo para reconhecer os tipos básicos de oportunidades de venda. Ela também o ensina como reagir a essas oportunidades de forma adequada.

Vendas exigem um determinado tipo de caráter. Seis falhas podem minar qualquer esforço de vendas. Você precisa diagnosticar rapidamente esses problemas antes de contratar qualquer pessoa para a área de vendas.

É preciso ter muitas habilidades para gerenciar a equipe de vendas. Você deve ter total controle sobre seu programa de vendas. Quando as coisas dão certas, você deve dar crédito à equipe de vendas. Quando as coisas dão erradas, você levará a culpa. Um gerente de vendas deve ser ao mesmo tempo rígido e atencioso. Você deve desafiar sua equipe de vendas para obter o melhor dela. Deve treinar os vendedores em todos os aspectos da venda: apresentação do produto, superação das objeções e relacionamento com os clientes.

Posição no Campo

Sun Tzu Disse:

Algumas posições no campo são acessíveis. 1
Outras são traiçoeiras.
Algumas fornecem apoio.
Outras são circunscritas.
Algumas servem de barricada.
Outras são muito dispersas.

⁷Você consegue atacar com facilidade a partir de algumas posições.
Outros exércitos também podem chegar até você com facilidade.
Chamamos essas posições de acessíveis.
São áreas abertas.
Quando estiver numa dessas áreas, seja o primeiro a ocupar uma posição no alto, onde bata sol.
Posicione-se onde você possa defender suas linhas de suprimentos.
Assim, você conquistará uma vantagem.

Direcionando a Equipe de Vendas

1 Saiba quais situações de venda são abertas.
Saiba quais situações de venda são limitadas.
Saiba quais situações de venda são previsíveis.
Saiba quais situações de venda dependem de reações rápidas.
Saiba quais situações de venda são suscetíveis a criar barreiras.
Saiba quais situações de venda não são adequadas à sua empresa.

Em algumas situações, os clientes aceitam prontamente seus vendedores.
Esses clientes aceitarão seus concorrentes com a mesma facilidade.
Essas são situações de vendas abertas.
Essas vendas podem caminhar em qualquer direção.
Instrua seus vendedores a chamar logo a atenção para si.
Cuide para que sua empresa trate bem esses clientes.
Essas situações representam grandes oportunidades.

¹⁴Você consegue atacar facilmente de algumas posições.
Os reveses acontecem quando você tenta retornar a elas.
Essas posições são traiçoeiras.
Elas só têm um lado.
Espere até que seu inimigo esteja despreparado.
Então, você poderá atacá-lo dessa posição e vencer.
Evite um inimigo bem preparado.
Você tentará atacar e perderá.
Como você não pode voltar à sua posição, sofrerá um revés.
Essas posições não lhe conferem nenhuma vantagem.

²⁴Você não consegue sair de algumas posições sem perder vantagem.
Se o inimigo sair dessas posições, ele também perde vantagem.
Elas são chamadas posições de apoio.
Elas o fortalecem.
O inimigo pode tentar atraí-lo para tirá-lo de sua posição.
Mas mantenha-se firme.
Você deve induzir o inimigo a deixar a posição dele.
Então, você ataca quando ele abandona a posição que ocupava.
Essas posições no campo conferem vantagem.

³³Certas posições no campo são circunscritas.
Seja o primeiro a chegar a essas posições.
Você deve ocupar essas áreas e esperar o inimigo.
Às vezes, ele chega primeiro.
Se isso acontecer, não o siga.
Mas se ele não conseguir chegar primeiro, você pode segui-lo.

Em algumas situações, seus vendedores podem entrar no cliente.
Os problemas surgem quando eles tentam vender mais para esse cliente.
Essas situações de venda são limitadas.
Elas favorecem apenas uma das partes.
Aconselhe paciência a seu pessoal.
Se eles fecharem um negócio lucrativo uma vez, podem conseguir a conta.
Diga para eles evitarem compradores bem treinados.
Esses compradores podem tirar vantagem dos vendedores.
Como você não conseguirá um outro pedido, a venda pode lhe custar dinheiro.
Essas situações de venda não conferem vantagem estratégica.

Em algumas situações de venda, seus vendedores não podem ser inconsistentes sem prejudicar o relacionamento.
Você sabe que os concorrentes se prejudicam não sendo confiáveis.
Essas situações de venda exigem capacidade de previsão.
Esses relacionamentos melhoram as operações de sua empresa.
Seus vendedores podem querer mudar um acordo.
Você não deve permitir que eles o façam.
Você deve forçá-los a deixar tudo como está.

Livre-se de vendedores que não conseguem manter esses relacionamentos.
Esses relacionamentos de venda são muito valiosos.
Algumas situações de venda dependem apenas de reações rápidas.
Faça seus vendedores reagirem de imediato.
Seus vendedores devem satisfazer o comprador antes da chegada dos concorrentes.
Seus vendedores podem não identificar essas vendas de imediato.
Se os concorrentes reagiram, seus vendedores estão perdendo tempo.
Se os concorrentes não reagirem, seus vendedores ainda podem se sair bem.

³⁹Algumas posições no campo lhe servirão de barricada.
Seja o primeiro a chegar a essas posições.
Você deve ocupar os pontos mais altos, na parte sul, onde bate o sol, para esperar o inimigo.
Às vezes, o inimigo ocupa essas áreas primeiro.
Nesse caso, tente tirá-lo da posição.
Nunca siga o inimigo.

⁴⁵Algumas posições no campo são dispersas.
Nelas, sua força pode parecer igual à do inimigo.
Mas você perderá se provocar uma batalha.
Se você lutar, não obterá vantagem.

⁴⁹Esses são os seis tipos de posição no campo.
Cada campo de batalha tem suas próprias regras.
Um comandante deve saber para onde está indo.
Ele deve analisar cada posição detalhadamente.

Alguns exércitos podem ser facilmente sobrepujados pela tática. 2
Alguns exércitos são muito frouxos.
Alguns exércitos sucumbem.
Alguns exércitos desmoronam.
Alguns exércitos são desorganizados.
Alguns exércitos são obrigados a bater em retirada.

⁷Conheça muito bem esses seis pontos fracos.
Eles acabam levando à escolha do momento errado e de posições desfavoráveis.
Eles são culpa do comandante do exército.

Em algumas situações de venda, os vendedores não conseguem construir barreiras contra a concorrência.
Seus vendedores devem chegar àquelas pessoas que tomam as decisões em primeiro lugar.
Mostre para seus vendedores como criar especificações que dificultam a concorrência.
Às vezes, os concorrentes chegam a essas situações primeiro.
Nesse caso, verifique se as especificações podem ser modificadas.
Não permita que seus vendedores atendam às especificações dos concorrentes.

Algumas situações de venda não são adequadas à sua empresa.
Um vendedor pode achar que sua empresa consegue atender às necessidades do cliente.
Sua tarefa é saber quando isso não é possível.
Mesmo se o vendedor fizer a venda, ela não será lucrativa.

Esses são os seis tipos de situações de venda.
Cada possibilidade de venda é um pouco diferente.
Como gerente de vendas, você deve orientar seus vendedores.
Faça-os ir atrás das melhores oportunidades.

2 Há vendedores que não conseguem resolver problemas.
Há vendedores que são muito negligentes.
Há vendedores que são muito indolentes.
Há vendedores que são desagregadores.
Há vendedores que são indisciplinados.
Há vendedores que nunca saem ganhando.

Identifique esses seis pontos fracos em seus vendedores.
Essas falhas de caráter criam problemas até nas melhores contas.
Todas elas são atribuídas ao caráter do vendedor.

¹⁰Um general pode comandar um exército igual ao do inimigo.
Mas o inimigo leva vantagem sobre ele.
Isso significa que o exército dele pode ser sobrepujado pela tática.

¹³Outro general pode ter bons soldados, mas oficiais ruins.
Isso significa que o exército é frouxo.

¹⁵Outro general pode ter bons oficiais, mas soldados ruins.
Isso significa que o exército vai sucumbir.

¹⁷Outro general pode ter subcomandantes aguerridos e desafiadores.
Eles atacam o inimigo por sua conta e risco.
O comandante não conhece o campo de batalha.
Isso significa que seu exército vai desmoronar.

²¹Outro general é fraco e sem autoridade.
Ele não consegue dar ordens claras.
Seus oficiais e soldados ficam desorientados.
Isso se reflete em suas formações militares.
Isso significa que seu exército é desorganizado.

²⁶Outro general não consegue avaliar a força do inimigo.
Ele faz uma pequena tropa enfrentar uma tropa maior.
Seus poucos soldados atacam um exército mais forte.
Ele erra ao escolher as batalhas que deve travar.
Isso significa que seu exército deve bater em retirada.

Seus vendedores têm as mesmas oportunidades que a concorrência.
Seus concorrentes sempre fazem um acordo melhor.
Esses vendedores não são bons em resolver problemas.

Alguns vendedores têm bons hábitos de trabalho, mas má organização.
Esses vendedores são negligentes.

Alguns vendedores têm boa organização, mas maus hábitos de trabalho.
Esses vendedores são indolentes.

Alguns vendedores são exaltados e egoístas.
Eles atacam os concorrentes e acham que sabem tudo.
Como gerente de vendas, você nunca sabe o que eles estão fazendo.
Esses vendedores são desagregadores.

Alguns vendedores são indecisos e indulgentes.
Eles não conseguem comunicar a política da empresa.
Seus clientes não sabem o que eles podem fazer.
Isso mostra como as vendas deles são organizadas.
Esses vendedores são indisciplinados.

Alguns vendedores não conseguem entender sua posição competitiva.
Eles sempre acham que os concorrentes são superiores.
Eles imitam os concorrentes em vez de dominá-los.
Eles não conseguem se concentrar nos clientes certos.
Esses vendedores nunca saem ganhando.

[31]Você deve conhecer profundamente esses seis pontos fracos.
Deve entender as filosofias que levam à derrota.
Quando um general se aproxima, você já sabe o que ele fará.
Você deve observar cada general cuidadosamente.

Você deve controlar sua posição no campo. 3
Isso sempre fortalece o seu exército.

[3]Você deve conhecer o inimigo para superá-lo e vencê-lo.
Deve analisar os obstáculos, os perigos e as distâncias.
Essa é a melhor forma de comandar.

[6]Entenda sua posição no campo antes de travar uma batalha.
Nesse caso, poderá vencer.
Você pode não entender sua posição no campo e
ainda assim lutar.
Nesse caso, será derrotado.

[10]Você deve provocar a batalha quando tiver certeza
de que vai ganhar.
Não importa que ordens você recebeu.
O governo pode ordenar que você não lute.
Apesar disso, você sempre deve lutar quando achar que vai vencer.

[14]Às vezes, provocar uma batalha leva à derrota.
O governo pode mandá-lo lutar.
Apesar disso, você não deve ir para uma batalha se achar
que vai perder.

Um gerente de vendas deve reconhecer rapidamente essas seis falhas.
Você deve conhecer as atitudes que levam a essas falhas.
Quando os vendedores são contratados, tenha certeza de que eles conseguem se sair bem.
Você deve analisar bem cada possível vendedor.

3 Um gerente de vendas deve definir o processo de venda certo.
Isso sempre faz sua equipe de vendas mais forte.

Você deve ensinar a equipe de vendas como argumentar contra as reivindicações dos concorrentes.
Você deve ensinar como lidar com objeções, problemas e preço.
Essa é a melhor forma de gerenciar seu departamento de vendas.

Os vendedores devem entender o processo de venda antes de vender.
Dessa forma, eles sempre se sairão bem.
Os vendedores podem não conhecer o processo de venda e tentar vender.
Então, eles vão fracassar com freqüência.

Você deve se concentrar nas contas que seus vendedores podem satisfazer com facilidade.
Não importa o que as outras áreas de sua empresa querem.
Marketing ou administração podem não concordar.
Se seus vendedores fazem vendas e atingem a quota, tudo será perdoado.

Você não deve perder tempo em vendas que seus vendedores não podem fazer.
Marketing ou administração podem querer que você mude seu foco.
Se seu departamento não atinge a quota, você não terá defesa.

[17]Você deve avançar sem esperar elogios.
Você deve ordenar a retirada sem temer a vergonha.
A única manobra correta é proteger seus soldados.
É assim que você serve ao seu país.
É assim que você presta um bom serviço à nação.

Pense nos seus soldados como se fossem crianças. 4
Eles estarão dispostos a segui-lo até o fundo de um rio.
Trate-os como filhos queridos.
Eles estarão dispostos a morrer lutando com você.

[5]Alguns líderes são generosos, mas não conseguem usar seus comandados.
Eles gostam dos subordinados, mas não conseguem comandá-los.
Seus homens são indisciplinados e desorganizados.
Esses líderes têm um exército de crianças mimadas.
Seus soldados são inúteis.

Você pode saber o que seus soldados farão durante um ataque. 5
Mas pode não saber quando o inimigo é vulnerável a um ataque.
Então, suas chances de vitória se reduzirão à metade.
Você pode saber que o inimigo é vulnerável a um ataque.
Mas pode não saber se os seus homens são capazes de atacá-lo.
Ainda assim, suas chances de vitória se reduzem à metade.
Você pode saber que o inimigo é vulnerável a um ataque.
Pode saber que seus homens estão preparados para atacar.
Mas você não sabe como se posicionar no campo de batalha.
Ainda assim, suas chances de vitória se reduzem à metade.

Quando seus programas funcionam, elogie seus vendedores.

Quando seus programas fracassam, assuma a culpa.

O bom gerenciamento de vendas exige que você mantenha as pessoas otimistas.

É assim que você faz sua empresa ter sucesso.

É assim que você ganha dinheiro para todos.

4 Trate seus vendedores como seus filhos.

Sua liderança deve desafiá-los a fazer o impossível.

Coloque o sucesso deles em primeiro lugar.

Possibilite que eles dêem o seu melhor.

Gerentes de vendas compassivos não conseguem orientar sua equipe de vendas.

Preocupar-se com as pessoas não é a mesma coisa que gerenciá-las.

Vendedores indisciplinados e confusos não conseguem se sair bem.

Gerentes de vendas despreparados arruínam seus vendedores.

Eles só criam fracassos.

5 Você pode treinar seus vendedores sobre como apresentar o produto.

Ensine-os também a como lidar com objeções.

Se você não fizer isso, estará perdendo recursos de vendas.

Você pode ensinar seus vendedores a lidar com objeções.

Você também deve saber que seus vendedores são capazes de ser amigos dos clientes.

Se não souber, estará perdendo recursos de vendas.

Você pode ensinar seus vendedores a lidar com objeções.

Você pode treiná-los para ser amigos dos clientes.

Entenda também as situações de venda com que seu pessoal está lidando.

Se você não entender, estará perdendo recursos de venda.

[11]Você deve saber guerrear.
Então, poderá agir sem precipitação.
Você poderá tentar de tudo.

[14]Assim se diz:
Conheça o seu inimigo e a si próprio.
Sua vitória será fácil.
Conheça as condições do tempo e o campo de batalha.
Sua vitória será completa.

Saiba orientar sua equipe de vendas.
Confie em suas próprias decisões.
Você conseguirá atingir qualquer meta de venda.

Os gerentes de vendas precisam de informação.
Você precisa conhecer seus concorrentes e sua equipe de vendas.
Isso facilita as vendas.
Você precisa conhecer as tendências e as posições certas de mercado.
Então, você conseguirá enxergar suas reais oportunidades.

Capítulo 11

Tipos de Terrenos: Desafios de Gestão

À medida que o tempo passa, sua área de vendas vai enfrentar vários desafios estratégicos. Seus vendedores encontrarão problemas em seus territórios. Novos concorrentes entrarão em seu mercado. Você terá de mudar seus sistemas de remuneração. Como gerente de vendas, você deve não apenas reconhecer esses problemas de imediato, mas saber exatamente como reagir.

Em primeiro lugar, você deve reconhecer os diferentes tipos de situação que seus vendedores enfrentam em seus territórios. Cada território é um pouco diferente, e você deve saber como melhor administrar suas condições específicas. É claro que, como é sua responsabilidade designar novos territórios a seus vendedores, você deve também saber como melhor definir as fronteiras entre os territórios.

Uma gerência de vendas bem-sucedida precisa de uma boa dose de psicologia. Você quer que seus vendedores sejam indivíduos criativos, independentes, mas também que trabalhem bem em grupo. Para tal, as regras de estratégia ensinam que você deve usar seus concorrentes para unir e enfocar sua força de vendas.

Sua equipe de vendas deve reconhecer que você tem domínio sobre a estratégia. Os vendedores não têm de adorar ou mesmo gostar de você, mas precisam respeitar sua visão. Seus vendedores precisam entender que é sua tarefa impulsionar os negócios constantemente. Você deve usar sua equipe de vendas para reunir informações sobre a concorrência e transformar essas informações em uma estratégia competitiva. Quando ameaçado por novos concorrentes, você deve saber como reunir as tropas contra eles.

Tipos de Terreno

Sun Tzu Disse:

Utilize a arte da guerra. 1
Perceba quando o terreno causa dispersão.
Perceba quando ele é fácil.
Perceba quando é disputado.
Perceba quando é aberto.
Perceba quando é convergente.
Perceba quando é perigoso.
Perceba quando é difícil.
Perceba quando é cercado.
Perceba quando é mortífero.

[11]Às vezes, as partes em conflito lutam dentro do próprio território.
Esse terreno causa dispersão.

[13]Você entra em território hostil, mas não o adentra totalmente.
Esse terreno é fácil.

[15]Alguns terrenos oferecem uma posição de vantagem.
Mas oferecem a mesma vantagem aos inimigos.
Esse tipo de terreno é disputado.

Desafios de Gestão

1 Os gerentes de vendas devem reagir aos desafios de venda:
Reconheça quando seus vendedores estão em situações dispersivas.
Reconheça quando seus vendedores estão em situações fáceis.
Reconheça quando seus vendedores estão em situações competitivas.
Reconheça quando seus vendedores estão em situações inexploradas.
Reconheça quando seus vendedores estão em situações compartilhadas.
Reconheça quando seus vendedores estão em situações arriscadas.
Reconheça quando seus vendedores estão em situações difíceis.
Reconheça quando seus vendedores estão em situações restritas.
Reconheça quando seus vendedores estão em situações desesperadas.

Os vendedores às vezes se confundem se a conta faz ou não parte de seu território.
Essa é uma situação dispersiva.

Um novo território de vendas não tinha praticamente nenhuma cobertura.
Essa é uma situação fácil.

Um território de vendas tem muitas contas boas, estabelecidas.
Esses clientes também compram de sua concorrência.
Essa é uma situação competitiva.

[18] Você pode utilizar alguns terrenos para avançar com facilidade.
Os inimigos também conseguem avançar com você.
Esse tipo de terreno é aberto.

[21] Todos compartilham o acesso a determinada área.
O primeiro a chegar lá consegue reunir um grupo maior do que qualquer outra pessoa.
Esse terreno é convergente.

[24] Você pode penetrar fundo em um território hostil.
Então, muitas cidades inimigas ficam para trás.
Esse terreno é perigoso.

[27] Há florestas nas montanhas.
Há barreiras perigosas.
Há represas.
Todos se defrontam com esses obstáculos em uma campanha.
Por causa deles, o terreno é difícil.

[32] Em algumas áreas, a entrada é estreita.
Você fica bloqueado quando tenta sair.
Nesse tipo de área, algumas pessoas podem efetivamente atacar seus soldados, mesmo que sejam mais numerosos.
Esse é um terreno cercado.

[36] Às vezes, você só consegue sobreviver se for rápido na luta.
Você morre se tarda a reagir.
Esse é um terreno mortal.

Alguns territórios de venda têm um enorme potencial.
No entanto, a concorrência ainda pode chegar a qualquer hora.
Essa é uma situação inexplorada.

Alguns clientes podem estar em vários territórios diferentes.
O primeiro vendedor a desenvolver as contas deve levar outros vendedores para ajudar.
Essa é uma situação compartilhada.

Vendedores bem-sucedidos podem abraçar atividades demais.
Eles vão deixar os clientes insatisfeitos.
Essa é uma situação arriscada.

Há clientes problemáticos.
Há clientes que retêm o pagamento.
Há clientes que querem tratamento especial.
Todos os vendedores lidam com essas pessoas nesse território.
Essas são situações difíceis.

Há algumas contas que são difíceis de desenvolver.
Para vender a essas contas, você deve satisfazer
os padrões.
Nessas contas, há algumas pessoas que podem vetar a compra.
Essas são situações restritas.

Às vezes, um vendedor precisa de ajuda imediata com uma conta.
Se o gerente de vendas não se envolver na situação, o cliente será perdido.
Essas são situações desesperadas.

[39]Para ter sucesso, você deve controlar um terreno dispersivo evitando lutar.
Controle um terreno fácil evitando parar.
Controle um terreno disputado deixando de atacar.
Controle um terreno aberto ficando perto das tropas do inimigo.
Controle um terreno convergente unindo-se aos seus aliados.
Controle um terreno perigoso saqueando as provisões do inimigo.
Controle um terreno difícil atravessando-o rapidamente.
Controle um terreno cercado pegando o inimigo de surpresa.
Controle o terreno mortífero lutando.

2

Vá para um terreno que você sabe ser adequado ao combate.
Utilize-o para interromper a comunicação entre as linhas de frente e a retaguarda do inimigo.
Impeça que as pequenas divisões se apóiem nas forças mais numerosas.
Impeça que as divisões fortes socorram as fracas.
Impeça que os oficiais reúnam seus homens.
Disperse os soldados para que não possam se agrupar.
Pressione os soldados para impedir que formem fileiras.

[8]Quando combater significa uma vantagem, você deve fazê-lo.
Quando isso não traz benefícios, evite-o.

[10]Um soldado destemido pode lhe perguntar:
"Um exército grande e bem organizado está vindo nos atacar.
O que faço para me preparar?"

Para ser bem-sucedido em situações dispersivas, impeça seus vendedores de lutar.
Em territórios fáceis, mantenha seus vendedores trabalhando.
Em territórios competitivos, os vendedores não devem atacar os concorrentes.
Em territórios inexplorados, faça os vendedores se equipararem aos concorrentes.
Em situações compartilhadas, ensine os vendedores como trabalhar juntos.
Em situações de risco, concentre os vendedores nos melhores clientes.
Em situações difíceis, cuide para que os vendedores sigam adiante.
Em situações restritas, force os vendedores a serem criativos.
Em situações desesperadas, envolva-se na venda.

2 Os gerentes de vendas sabem dividir os territórios.
Dividindo seus territórios diferentemente dos concorrentes, você pode sobrepujá-los.
Você pode colocar os recursos de vendas em áreas que os concorrentes têm negligenciado.
Você pode colocar seus melhores vendedores contra os mais fracos da concorrência.
Você pode obter mais conhecimento em mercados especializados.
Desencoraje os concorrentes de aumentar seus recursos.
Desencoraje os concorrentes de se organizarem em suas contas.

Você deve criar novos territórios quando isso gerar novas vendas.
Não crie novos territórios quando isso não gerar novas vendas.

Um bom vendedor pergunta:
"Uma empresa concorrente de grande porte, bem organizada quer meus clientes. O que devo fazer?"

¹³Diga-lhe:
"Primeiro, apodere-se de uma área de que o inimigo precisa.
Então, ele prestará atenção em você.
A rapidez é a essência da guerra.
Explore a incapacidade de um grande inimigo para se manter.
Utilize a filosofia de evitar situações difíceis.
Ataque onde ele não espera".

3

Você deve usar a filosofia de um invasor.
Penetre fundo no território inimigo e, então, concentre suas forças.
Isso lhe dá o controle sobre os seus homens sem oprimi-los.

⁴Apodere-se das riquezas da região.
Isso basta para garantir provisões para todo o seu exército.

⁶Cuide dos seus homens e não os sobrecarregue.
O seu espírito de união aumenta o *momentum*.
Mantenha os soldados marchando e pense em como surpreender o inimigo.
Não permita que o inimigo calcule o seu contingente.
Posicione seus homens onde não haja como escapar.
Então, eles enfrentarão a morte sem fugir.
Eles encontrarão uma forma de sobreviver.
Seus oficiais e soldados darão o máximo de si.

¹⁴Oficiais militares que estão totalmente empenhados perdem o medo.
Quando não há saída, eles permanecem firmes.
Penetre fundo no território inimigo e eles não terão escolha.
Como não há como escapar, eles lutarão.

Você deve orientar sua equipe de vendas.
Ela deve ir atrás de um dos principais clientes do concorrente.
Os concorrentes respeitam os vendedores que são perigosos.
Seus vendedores devem se movimentar mais rapidamente do que os concorrentes.
Diga-lhes para tirar vantagem das reações lentas dos maiores concorrentes.
Não deixe os vendedores entrarem em guerra de recursos com os concorrentes.
Ao contrário, oriente os vendedores para se concentrarem em contas que os concorrentes têm como certas.

3 Os gerentes de vendas incentivam seus vendedores a ser agressivos.
Insista para que seus vendedores se especializem em determinadas áreas.
Isso estreita seu foco sem limitar seu território.

Baseie a remuneração dos vendedores nas novas vendas que eles fazem.
Quanto mais você aumenta as vendas, mas apoio a elas você pode conseguir.

Faça seus vendedores serem bem-sucedidos sem sobrecarregá-los.
Seu sucesso individual aumenta o momentum de toda a empresa.
Faça com que todos os vendedores continuem dando tudo de si e preparando-se para o pior.
Você pode fazer sua empresa parecer muito maior do que ela é.
Coloque seus vendedores na posição de ter de fazer vendas.
Não deixe que eles desistam facilmente.
Eles encontrarão uma forma de se sair bem.
Os vendedores não sabem o que é possível até tentarem.

Os vendedores que conversam com os clientes perdem o medo.
Quando eles estão envolvidos na venda, eles esquecem sua relutância.
Mantenha-os em campo, visitando os clientes.
Como eles não têm escolha, vão vender.

[18]Faça os seus homens se comprometerem inteiramente com a situação.
Eles ficarão de guarda sem estar de sentinela.
Farão o que for necessário sem que alguém lhes peça.
Serão dedicados sem ser pressionados.
Serão confiáveis sem ter de receber ordens.

[23]Dissipe os rumores esclarecendo dúvidas.
Mantenha-os vivos não lhes deixando saída.

[25]Seus oficiais podem não ser ricos.
Eles desejam saquear os bens do inimigo.
Eles podem morrer jovens.
Mas gostariam de viver para sempre.

[29]Você deve ordenar a hora de atacar.
Os oficiais e os soldados podem se sentar e chorar até molhar a insígnia.
Quando se levantam, as lágrimas podem escorrer de suas faces.
Coloque-os em uma posição de onde não possam escapar.
Eles demonstrarão grande coragem quando estiverem sob fogo inimigo.

Faça bom uso da guerra. 4
Isso requer reflexos rápidos.
Você deve desenvolver esses reflexos.
Seja como a serpente da montanha.
Se as pessoas golpearem sua cabeça, então ataque com a cauda.
Se elas golpearem sua cauda, ataque com a cabeça.
Se atacarem o seu corpo, então use a cabeça e a cauda.

Dê a seus vendedores total responsabilidade pelos seus territórios.
Eles devem se sentir responsáveis sem você ter de supervisioná-los.
Eles devem resolver os problemas sem sua intervenção.
Eles devem ser responsáveis diante dos clientes e não apenas perante você.
Você deve confiar na capacidade de tomar decisões de seus vendedores.

Deixe claro quais são as cotas, as políticas e os procedimentos de venda.
Os vendedores se saem melhor quando deixam as desculpas de lado.

Seus vendedores podem não ser ricos.
Mostre-lhes como podem ganhar dinheiro sério.
Seus vendedores podem fracassar.
Mostre-lhes como todos podem se sair bem.

Só você deve fixar as cotas e prazos de venda.
Seus vendedores sempre vão se queixar e criticar.
Mesmo quando eles aceitarem suas metas, ainda assim vão se queixar.
Mantenha os vendedores ocupados fazendo vendas.
É nesse momento que os vendedores deixam suas preocupações de lado.

4 Os gerentes de vendas usam a concorrência.
Treine seus vendedores para reagir imediatamente.
Todos eles devem saber a resposta a qualquer objeção.
A flexibilidade em vendas vem dos bons reflexos.
Prepare-os para as críticas da empresa.
Prepare-os para questionamentos a seu produto.
Prepare-os para ataques a seus serviços.

[8]Um soldado destemido lhe pergunta:
"Algum exército consegue ter reflexos tão rápidos?"
Sua resposta é:
"Consegue".

[12]Para comandar e conseguir o máximo de homens altivos, você
deve analisar as adversidades.
As pessoas remam juntas quando estão no mesmo barco
em meio à tempestade.
Nessa situação, uma resgata a outra, como a mão direita
ajuda a esquerda.

[15]Faça uso correto da adversidade.
Amarre os seus cavalos e prenda as rodas das carroças.
Mas você não pode depender apenas disso.
Uma tropa organizada é mais corajosa que cada homem por si.
É nisso que consiste a arte da organização.
Coloque os fortes ao lado dos fracos.
Você também deve tirar vantagem do terreno.

[22]Faça bom uso da guerra.
Mantenha os seus homens unidos como se fossem um só.
Nunca permita que eles desistam.

O comandante deve ser um profissional da guerra. 5
Isso exige confiança e desprendimento.
Você deve manter a dignidade e a ordem.
Deve controlar o que os seus homens vêem e ouvem.
Eles devem segui-lo sem ter conhecimento dos seus planos.

A Arte da Guerra e Estratégia para Gerentes de Vendas

Seus vendedores podem questionar respostas preparadas.
Você consegue preparar os vendedores para responder a todas as possíveis objeções?
Há apenas uma resposta possível.
Você deve!

Os gerentes de vendas fazem os vendedores se ajudarem recompensando o sucesso do grupo.
As pessoas trabalham melhor juntas quando um perigo que afeta uma delas afeta todos.
Quando o sucesso é coletivo, um vendedor ajudará o outro sem pensar duas vezes.

Você deve usar pressão competitiva.
Você pode isolar os vendedores em seus territórios.
Isso não é suficiente para que eles se saiam bem.
Os vendedores se saem melhor trabalhando juntos do que sozinhos.
Isso exige perspicácia no que tange à remuneração.
Crie equipes que combinem uma série de habilidades.
Saiba de que seus clientes precisam.

Faça bom uso da concorrência.
Faça o sucesso do grupo ser importante.
Use a pressão do grupo.

5 Os gerentes de vendas devem ser vistos como especialistas em estratégia.
Seus vendedores devem confiar na sua imparcialidade.
Seus vendedores devem respeitar sua autoridade.
Somente você controla a percepção que seus vendedores têm de você.
Os vendedores devem acreditar que você sabe mais que eles.

⁶Você pode dar novas atribuições aos seus homens.
Pode mudar os seus planos.
Poder usar os seus homens sem que eles percebam.

⁹Você deve mudar a localização do acampamento.
Deve se desviar das rotas habituais.
Deve usar os seus homens sem revelar sua estratégia.

¹²Um comandante dá o que é necessário no momento.
É como subir e depois jogar a escada fora.
Você deve conseguir levar seu exército a penetrar fundo em diferentes territórios vizinhos.
E, dessa forma, você descobre a oportunidade de vencer.

¹⁶Você deve comandar os seus homens como a um rebanho de ovelhas.
Deve fazê-los marchar.
Deve levá-los a atacar.
Nunca deixe que eles percebam aonde você quer chegar.
Você deve unificá-los em um grande exército.
Deve, então, comandá-los contra qualquer oposição.
Esse é o trabalho de um verdadeiro comandante.

²³Você deve se adaptar aos diferentes tipos de terreno.
Deve se adaptar para descobrir um modo de levar vantagem.
Deve saber lidar com as emoções dos seus comandados.
Deve estudar todas essas aptidões.

Você pode mudar as atribuições de seus vendedores.
Você pode mudar suas políticas de venda.
Não peça permissão para seus vendedores.

Mude os programas de venda de vez em quando.
Tire vendedores de sua rotina.
Seus vendedores podem aceitar a mudança sem precisar de explicações.

Dê a seus vendedores o que eles precisam, quando eles precisam.
Você deve continuamente ampliar seus objetivos e, ao mesmo tempo, eliminar qualquer desculpa para o fracasso.
Os vendedores devem confiar em você o suficiente para explorar as possibilidades de novos mercados.
Essa é a única forma de você descobrir as oportunidades de expansão.

Oriente seus vendedores para que eles continuem a caminhar na direção certa.
É sua responsabilidade manter o departamento de vendas ativo.
Mantenha seus vendedores em busca de novos negócios.
Não fixe uma meta final que torne aceitável a não-prospecção de novos clientes.
Você precisa que os vendedores trabalhem juntos.
Ensine-os a superar todas as possíveis objeções.
Esse é o trabalho de um verdadeiro gerente de vendas.

Você deve se adaptar a cada nova situação.
Você adapta seus métodos para fazer mais vendas.
Controle as opiniões de seus clientes.
Tenha domínio sobre todas essas habilidades.

6

Sempre utilize a filosofia da invasão.
Penetrar fundo no território inimigo concentra suas forças.
Invasões superficiais dispersam suas forças.
Quando você cruza a fronteira do seu país, deve assumir o controle.
Esse é sempre um terreno importante.
Às vezes, você pode se deslocar para qualquer direção.
Esse é sempre um terreno de intersecção.
Você pode penetrar fundo em um território.
Esse é sempre um terreno perigoso.
Você só penetra um pouco.
Esse é sempre um terreno fácil.
Não há como bater em retirada, e o caminho à frente é estreito.
Esse é sempre um terreno cercado.
Às vezes, não há para onde fugir.
Esse é sempre um terreno mortífero.

[16]Para entrar de forma correta em um terreno dispersivo, você deve inspirar devoção nos seus homens.
Em terreno fácil, você deve se manter em comunicação perfeita.
Em terreno disputado, você tenta impedir o avanço do inimigo.
Em terreno aberto, você deve defender cuidadosamente a posição escolhida.
Em terreno convergente, deve solidificar suas alianças.
Em terreno perigoso, deve garantir suas provisões.
Em terreno difícil, deve continuar avançando ao longo do caminho.
Em terreno cercado, deve impedir que vazem informações do seu quartel general.
Em terreno mortífero, deve mostrar o que pode fazer matando o inimigo.

6 Os gerentes de vendas devem expandir o alcance de mercado.
Enfrentar novos desafios estimula os vendedores.
Entrar em muitas áreas dissipa sua força de vendas.
Faça seus vendedores se comprometerem a identificar um novo segmento.
Essa é uma decisão importante.
Às vezes, você pode ir para direções diferentes.
Procure aliados que compartilhem seus objetivos.
Você pode investir muito para conquistar certo tipo de cliente.
Isso é perigoso porque custa caro.
É melhor testar um nicho de mercado primeiro.
Isso é muito menos arriscado.
Às vezes, você não tem muita escolha quanto à direção a seguir.
Suas opções são limitadas.
Às vezes, você não tem para onde ir.
Essa é uma situação desesperada.

Quando você encontra uma situação dispersiva, deve fazer seus vendedores dependerem um do outro.
Em territórios fáceis, faça seus vendedores reportarem suas atividades.
Em territórios competitivos, concentre seus vendedores para criarem barreiras.
Em territórios inexplorados, faça seus vendedores abrirem contas-chave.
Em territórios compartilhados, faça seus vendedores trabalharem juntos.
Em territórios arriscados, dê recursos suficientes para seus vendedores.
Em territórios difíceis, faça seus vendedores encontrarem novos mercados.
Em territórios restritos, não deixe seus vendedores se desviarem dos procedimentos estabelecidos.
Em situações de desespero, seus vendedores não têm escolha a não ser derrotar a concorrência.

²⁵Faça os seus homens se sentirem como um exército.
Deixe-os cercados, eles se defenderão.
Se não tiverem escolha, lutarão.
Se estiverem sob pressão, obedecerão.

Faça a coisa certa quando não conhecer os planos de seus diferentes inimigos. Não tente se reunir com eles.

7

³Você não sabe onde ficam as florestas na montanha, os obstáculos perigosos e as represas?
Então, você não pode pôr o exército em marcha.
Você não tem guias locais?
Não vai tirar nenhuma vantagem do terreno.

⁷Na guerra, há muitos fatores em jogo.
Você pode desconhecer qualquer um deles.
Nesse caso, é errado levar uma nação à guerra.

¹⁰Você deve ser capaz de controlar a guerra do seu Estado.
Se você dividir uma nação forte, ela será incapaz de reunir um grande exército.
Faça o inimigo ter mais medo da sua capacidade.
Impeça seus soldados de se reunirem e se organizarem.

Faça seus vendedores se orgulharem de si próprios.
Não permita que eles usem desculpas para se defender.
Facilite para que eles conversem com os clientes.
Desafie-os se espera ser digno de sua autoridade.

7 Os gerentes de vendas devem treinar seus vendedores para conhecer os produtos e as políticas da concorrência.

Os vendedores não podem ser bem-sucedidos sem conhecer a concorrência.

Seus vendedores devem conhecer todas as possíveis objeções, restrições de vendas e problemas de entrega.
Caso contrário, eles não podem seguir em frente.
Os vendedores devem ter conhecimento especializado.
Caso contrário, eles não conseguem trabalhar com tipos específicos de contas.

É preciso de muitas informações para vender um produto.
Seu trabalho é reunir todas elas.
É errado gerenciar um departamento de vendas sem organizá-las.

Somente você deve gerenciar as políticas de vendas de sua empresa.
Se muitas pessoas definirem as políticas de vendas, sua força de vendas ficará dividida.
Você deve fazer de sua equipe de vendas uma ameaça à concorrência.
Seu trabalho é dividir e desorganizar seus concorrentes.

[14] Faça a coisa certa e não forme alianças externas antes da hora.
Você não terá de impor sua autoridade prematuramente.
Dependa apenas de você e do seu interesse pessoal.
O inimigo sentirá mais medo de você.
Você pode levar um dos aliados do inimigo a desistir.
A nação do inimigo pode sucumbir.

[20] Distribua recompensas sem se preocupar em ter um sistema.
Pare sem esperar pela ordem do governo.
Ataque com toda a força do seu exército.
Utilize o seu exército como se fosse apenas um homem.

[24] Ataque com destreza.
Não entre em discussões.
Ataque quando tiver vantagem.
Não fique falando sobre os perigos.
Quando você mandar seu exército para um terreno mortífero,
mesmo que ele sofra um revés, ainda poderá sobreviver.
Você pode sair debilitado de um terreno mortífero e ainda assim
ficar mais forte depois.

[30] Até um grande exército pode cair em desgraça.
No entanto, se você ficar para trás, ainda poderá transformar a derrota em vitória.
Você deve usar as aptidões militares.
Para sobreviver, você deve se adaptar às intenções do inimigo.
Deve persegui-lo, não importa aonde ele vá.
Talvez seja preciso percorrer mil milhas para matar um general.
Se você conhecê-lo bem, poderá descobrir como fazê-lo.

Como gerente de vendas, você deve tomar cuidado com a duração das parcerias de vendas.
Espere o momento certo para assumir compromissos.
Essas parcerias devem atender os melhores interesses de sua empresa.
Seus concorrentes devem temer o que você pode fazer.
Você pode tentar os parceiros de seus concorrentes.
Isso pode minar totalmente os planos de seus concorrentes.

Controle a remuneração sem se preocupar em agradar a todos.
Interrompa os programas que não funcionam, sem discussão.
Acentue os pontos fortes de sua empresa.
Todos devem compartilhar os mesmos objetivos.

Tome decisões como um líder.
Não debata suas decisões.
Amplie quando você identificar uma oportunidade.
Não chame atenção para o que pode dar errado.
Você pode se encontrar em uma situação arriscada e até cometer erros, mas ainda é possível se sair bem.
Você não pode perder vendedores em um período difícil e se tornar uma equipe de vendas melhor com isso.

Até a melhor equipe de vendas encontra problemas pela frente.
Pense em cada contratempo como um trampolim para o sucesso.
Isso exige uma estratégia de longo prazo.
Em tempos ruins, você deve reconhecer o que os concorrentes estão fazendo certo.
Mantenha sua empresa competitiva não importa o que aconteça.
Você pode precisar transformar sua empresa para ganhar da concorrência.
Se você conhece seus concorrentes, você acaba se saindo bem.

Administre bem o Estado no início da guerra. 8
Feche as fronteiras e anule os salvo-condutos.
Bloqueie a passagem dos emissários.
Não deixe que os políticos no quartel-general se intrometam.
Você deve usar todos os meios para não deixar que a política interfira.
Os homens do inimigo deixarão um flanco aberto.
Você deverá aproveitar imediatamente para invadir seu território.

[8]Tome imediatamente um território valioso para o inimigo.
Faça isso rapidamente.
Ignore qualquer fronteira ao perseguir o inimigo.
Use o bom senso para saber quando lutar.

[12]Fazer a coisa certa no início da guerra é como se aproximar de uma mulher.
Os homens do seu inimigo têm de abrir a porta.
Depois disso, você deverá correr como uma lebre.
O inimigo será incapaz de alcançá-lo.

8 Os gerentes de vendas podem se reorganizar para enfrentar novos concorrentes.

Mantenha as informações exclusivas longe da concorrência.

Impeça seus vendedores de compartilhá-las.

Incentive todos em sua empresa a não divulgar informações confidenciais.

Todas as áreas da empresa devem lhe dar apoio.

Faça seus vendedores identificarem os pontos fracos dos novos concorrentes.

Seus vendedores devem começar a se concentrar neles imediatamente.

Oriente seus vendedores para ir atrás das contas-chave de um concorrente.

Não perca tempo.

Invente novas políticas para incomodar os novos concorrentes.

Como gerente de vendas, você deve escolher as batalhas certas.

Você deve agir com diplomacia ao enfrentar os desafios de um novo concorrente.

Espere até que o concorrente lhe dê uma brecha.

Depois disso, você deve reagir rápida e imprevisivelmente.

Seu novo concorrente não será capaz de alcançá-lo.

Capítulo 12

Atacando com Fogo: Vulnerabilidade dos Concorrentes

Os "ataques com fogo" não são ataques estratégicos normais que dificultam a vida dos concorrentes, mas ataques diretos que os prejudicam. Esses ataques podem facilmente se voltar contra você, destruindo a credibilidade da sua equipe de vendas, mas eles são parte importante da realidade competitiva. Os gerentes de vendas devem se responsabilizar por decidir quando e que tipo de ataques à concorrência sua equipe de vendas deve fazer.

A estratégia ensina que você não pode fazer esses tipos de ataques do nada. Seus oponentes devem proporcionar os alvos e as oportunidades certos. Sun Tzu lista cinco alvos que você deve considerar. O ambiente deve também fornecer as condições propícias para que um ataque à concorrência tenha efeito.

Se você está usando esses ataques ou é alvo deles, tudo depende das reações do alvo dos ataques. Há cinco cenários diferentes de ataque que seus vendedores devem ser treinados a reconhecer. Esses ataques raramente funcionam conforme planejado. Usá-los significa estar preparado para o que provavelmente vai acontecer. Como a estratégia ensina, o sucesso depende de entender de forma adequada o ambiente de negócios.

Como os ataques à concorrência são perigosos, o bom senso do gerente de vendas é fundamental para utilizá-los de forma correta. Quando usados de forma adequada, os ataques à concorrência são uma ferramenta de valor incalculável para fazer vendas. No entanto, você deve cuidar para que o objetivo desses ataques seja fazer vendas e não apenas que sejam lançados por hostilidades.

Atacando com Fogo

Sun Tzu Disse:

Existem cinco maneiras de se atacar com fogo. 1
A primeira é incendiar as tropas.
A segunda é queimar os suprimentos.
A terceira é pôr fogo nos meios de transporte de suprimentos.
A quarta é atear fogo aos arsenais.
A quinta é queimar os acampamentos.

[7]Para fazer fogo, você precisa de recursos.
Para fazer fogo, precisa preparar as matérias-primas.

[9]Para atacar com fogo, você deve escolher a época certa.
Para começar um incêndio, deve escolher o momento certo.

[11]Escolha a época certa.
O clima precisa estar seco.

[13]Escolha o momento certo.
Escolha uma época em que a grama esteja tão alta quanto a lateral de uma carroça.
[15]Você pode saber quais os dias propícios através das estrelas.
Os melhores dias são aqueles em que os ventos sopram forte de manhã.

Vulnerabilidade dos Concorrentes

1 Os gerente de vendas devem identificar alvos vulneráveis ao ataque.
As pessoas podem ser alvos.
Os produtos podem ser alvos.
Os serviços podem ser alvos.
Os recursos financeiros podem ser alvos.
As empresas podem ser alvos.

O ambiente torna a concorrência vulnerável ao ataque.
Mostre para sua equipe de vendas como usar esses recursos corretamente.

O clima de negócios determina quando os oponentes são vulneráveis.
Oriente seus vendedores a usar o tempo corretamente.

Seus vendedores não conseguem espalhar a desconfiança exceto se for o momento certo.
O clima de negócios deve estar no ponto.

Como gerente de vendas, você deve decidir quando é o momento certo.
Espere até que haja bastante combustível para as acusações de seu pessoal.
Um bom gerente de vendas tem um sexto sentido sobre quando o ataque vai funcionar.
São condições no ambiente que os tornam bem-sucedidos.

Todos atacam com fogo. 2
Você deve criar cinco situações diferentes para usar o fogo e saber se adaptar a elas.

³Você começa um incêndio dentro do acampamento do inimigo.
Depois, ataca por fora.

⁵Você lança um ataque com fogo, mas o inimigo permanece calmo.
Você espera e não ataca.

⁷As chamas chegam à sua altura máxima.
Você as acompanha se for possível.
Caso contrário, fica onde está.

¹⁰Espalhar o fogo ao redor do acampamento pode ser fatal.
Nem sempre você pode começar um incêndio dentro do acampamento inimigo.
Aguarde o momento propício para fazer isso.

¹³Comece o incêndio quando o vento estiver soprando às suas costas.
Não ataque contra o vento.
Os ventos diurnos demoram a cessar.
Os ventos noturnos se acalmam rapidamente.

¹⁷Todo exército deve saber como se adaptar aos cinco possíveis ataques com fogo.
Use muitos homens para se proteger contra esses ataques.

2 Todos os gerentes de vendas usam ataques e devem se defender deles. Quanto melhor você souber como usar os cinco cenários de ataque, melhor conseguirá se proteger.

Você dirige os ataques ao cerne do negócio de um oponente.
Seus vendedores vão à carga para roubar clientes periféricos.

O segredo de se defender contra os ataques da concorrência é manter-se calmo.
Se seus oponentes não reagem, seus vendedores não conseguem insistir.

Os ataques de vendas devem estimular a imaginação e ter vida própria.
Seus vendedores, então, podem conseguir pedidos usando os ataques.
Se os ataques não geram interesse, seus vendedores logo esquecem deles.

Seus vendedores também podem plantar pequenas dúvidas e questionamentos.
Isso funciona quando não existem grandes alvos disponíveis.
Essa abordagem é uma estratégia de longo prazo.

Esses ataques funcionam apenas quando o clima de negócio está a seu favor.
O tiro sai pela culatra quando o clima está contra você.
Quanto mais visíveis são as tendências, mais tempo duram.
Quanto mais sutis elas forem, mais rapidamente elas desaparecem.

Todos seus vendedores devem ser treinados para reconhecer essas diferentes situações e reagir de acordo com elas.
Eles devem sempre estar atentos às vulnerabilidades dos concorrentes.

3 Quando você utiliza o fogo para apoiar seus ataques, você está sendo inteligente.
A água pode aumentar a força de um ataque.
Você também pode usar a água para desbaratar o inimigo.
Mas ela não destrói os suprimentos do inimigo.

4 Você vence uma batalha aproveitando a oportunidade para atacar. O perigo é não entender como fazer isso.
Como comandante, você não pode perder as oportunidades.

⁴Assim se diz:
Um líder sábio planeja o sucesso.
Um bom general estuda as possibilidades de sucesso.
Se há pouco a lucrar, não envie seus soldados.
Se há pouco a ganhar, não mobilize seus homens.
Se não há perigo, não lute.

¹⁰Como líder, você não pode deixar que sua raiva interfira no sucesso do seu exército.
Como comandante, você não pode ser tomado por um momento de cólera antes de uma batalha.
Lute somente quando a situação lhe for favorável.
Se não houver nenhuma vantagem, fique onde está.

¹⁴ A raiva pode dar lugar à alegria.
A cólera pode dar lugar ao contentamento.
Uma nação, uma vez arrasada, não pode ser reconstruída.
Os mortos não ressuscitam.

3 Para usar o ambiente contra os oponentes, é preciso inteligência.
As mudanças no ambiente podem ajudar sua causa.
A mudança por si só já dificulta o progresso do oponente.
No entanto, ela não consegue acabar com o negócio de um oponente.

4 Os gerente de vendas são bem-sucedidos quando concebem ataques que funcionam.
Se você não souber tirar proveito das vulnerabilidades dos concorrentes, sua carreira será curta.
Tire total proveito das poucas oportunidades que aparecerão.

A verdade é simples.
Seus ataques à concorrência devem ser organizados.
Os ataques funcionam se forem baseados em um conhecimento superior.
Esses ataques fazem sentido apenas se você conseguir conquistar clientes.
Impeça seus vendedores de fazerem ataques que não conseguem conquistar clientes.
Se o ponto fraco do concorrente não for real, você não consegue usá-lo.

Como gerente de vendas, impeça que sua hostilidade contra a concorrência prejudique as vendas.
Seja um exemplo para seus vendedores não deixando que as emoções interfiram em seu julgamento.
Os vendedores devem atacar os concorrentes apenas quando eles conseguirem conquistar clientes.
Se isso não interferir em uma venda, eles não devem dizer nada sobre os concorrentes.

A hostilidade pode se transformar em amizade.
Os concorrentes de hoje podem se tornar os aliados de amanhã.
Você não consegue desfazer os danos de um ataque uma vez feito.
Você pode destruir sua própria credibilidade.

[18] Isso deve levar um líder sábio a ser cauteloso. Um bom general fica de guarda.

[20] Sua filosofia deve ser manter a paz na nação e o exército intacto.

Como os ataques são perigosos, um gerente de vendas é cuidadoso. Você deve sempre estar em guarda contra eles.

Sua equipe de vendas consegue ter êxito quando sua ética desencoraja conflitos inúteis.

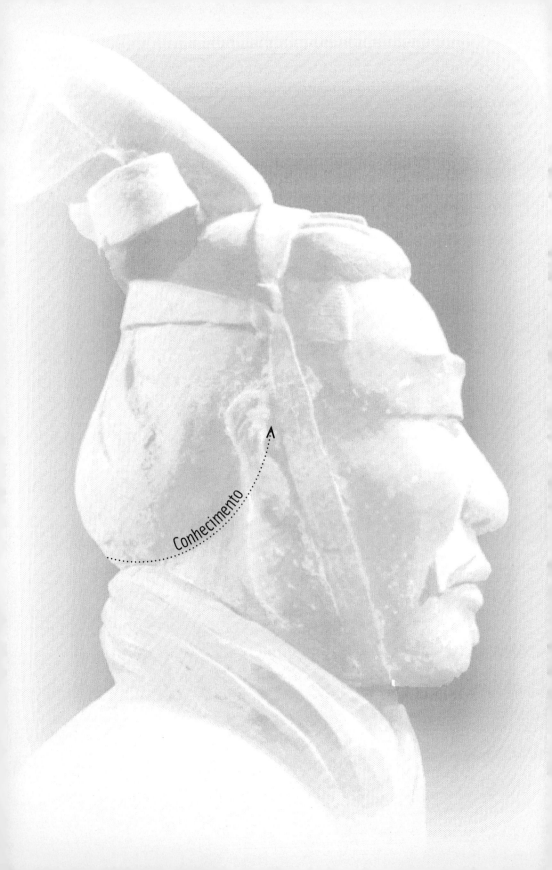

Capítulo 13

用間

Usando Espiões: O Poder da Informação

Para ser bem-sucedido como gerente de vendas, seus vendedores devem respeitar seu conhecimento. Eles nunca devem pensar que você está desconectado da realidade. Suas informações apenas são tão boas quanto suas fontes. Uma de suas principais responsabilidades como gerente de vendas é ensinar seus vendedores a coletar informações para seu departamento o tempo todo. Além disso, você deve ter contatos que lhe passem informações que não consegue obter de seus vendedores.

Estrategicamente, as informações são um recurso econômico. Você tem tempo, esforço e dinheiro limitados. Se você quiser boas informações, terá de gastar um pouco desses recursos limitados coletando-as e organizando-as. É fácil deixar de lado esse aspecto da gestão, mas a estratégia clássica diz que as informações são mais valiosas do que qualquer outra coisa em que você possa investir seus recursos.

Quando se trata de desenvolver canais para informações, Sun Tzu ensina que há cinco tipos de recursos que você precisa em sua rede. Quatro desses contatos coletam tipos específicos de informação. Um deles é utilizado para passar informações enganosas para seus oponentes.

Para gerenciar adequadamente as informações, você deve obter detalhes de várias fontes. Cada ponto de vista individual acrescenta algum aspecto valioso, mas todos eles são necessários para desenvolver um quadro geral completo de sua situação. Você precisa principalmente saber como entrar nas redes de informação de seus concorrentes para estar a par do que eles estão pensando e planejando.

Usando Espiões

Sun Tzu Disse:

Todos os exércitos vencedores precisam de milhares de soldados. 1
Eles fazem invasões e marcham incontáveis milhas.
Famílias inteiras são destruídas.
Outras famílias têm de pagar altos impostos.
Todos os dias, gasta-se uma grande quantia em dinheiro.

⁶Eventos internos e externos forçam as pessoas a se mudarem.
Elas não conseguem trabalhar enquanto estão perambulando pela estrada.
Não conseguem encontrar um emprego útil e se fixar nele.
Isso afeta setenta por cento de milhares de famílias.

¹⁰Você pode ficar vigiando e se protegendo durante anos.
Então, uma única batalha pode definir a vitória num só dia.
Apesar disso, os burocratas continuam adorando como nunca o salário que recebem.
Eles ignoram a situação do inimigo.
O resultado é terrível.

¹⁵Eles não são líderes de homens.
Não servem ao Estado.
Não são mestres da vitória.

O Poder da Informação

1 Os gerente de vendas são diretamente responsáveis por seus vendedores.
Você próprio é responsável pelo progresso de seus vendedores.
Todos os vendedores correm riscos.
Seus vendedores pagarão um alto preço por seus erros.
Sua empresa investe muito todos os dias em seu sucesso.

Vender afeta todos na empresa direta ou indiretamente.
Se os vendedores não vendem, outros funcionários perderão o emprego.
Vendas ruins forçam muitas pessoas a procurar outro emprego.
A sobrevivência de todas essas pessoas depende de suas decisões.

As pessoas podem trabalhar por anos protegendo e mantendo a empresa.
Um único grande avanço em vendas pode transformar essa empresa da noite para o dia.
Apesar disso, muitos gerentes de vendas estão satisfeitos com seu salário e cargo.
Esses gerentes de vendas não conseguem entender suas oportunidades.
Eles são um fracasso.

Esses gerentes de vendas não estão administrando os vendedores.
Esses gerentes de vendas não estão servindo sua empresa.
Esses gerentes de vendas não atingem nem os requisitos mínimos de sucesso.

[18]Você deve ser um líder criativo e um comandante valoroso.
Deve conduzir os soldados aos lugares certos para derrotar os inimigos.
Deve atacar e escapar ileso.
Isso requer conhecimento prévio da situação.
É possível ter esse conhecimento.
Não se consegue isso através de demônios ou espíritos.
Não se consegue isso com experiência profissional.
Não se consegue isso com análise.
Só é possível obter esse conhecimento através de outras pessoas.
Você sempre deve conhecer a situação do inimigo.

Você deve usar cinco tipos de espiões. 2
Você precisa de espiões nativos.
Precisa de espiões internos.
Precisa de agentes duplos.
Precisa de espiões descartáveis.
Precisa de espiões sobreviventes.

[7]Você precisa desses cinco tipos de espiões.
Ninguém deve descobrir seus métodos.
Dessa forma, você pode ter uma visão verdadeira de toda a situação.
Esse é o recurso mais valioso do comandante.

[11]Você precisa de espiões nativos.
Espiões nativos são os próprios aldeões.

[13]Você precisa de espiões internos.
Corrompa os funcionários do governo inimigo.

Você deve se tornar um gerente de vendas inventivo e brilhante.
Você deve inspirar seus vendedores para que dominem o mercado.
Você deve ganhar novos mercados sem interferir na rentabilidade.
Isso requer as informações certas.
Você não consegue obter essas informações.
Você não consegue obtê-las a partir das previsões de venda.
Você não vai obtê-las de sua experiência anterior como gerente de vendas.
Você não consegue nem deduzir o que você precisa saber.
Você obtém informações fazendo contato com outras pessoas.
Você deve sempre saber onde estão suas oportunidades.

2 Existem apenas cinco tipos de fontes de informação.
Há contatos em seu mercado.
Há contatos próximos a seus principais clientes.
Há contatos que fornecem informações para seus concorrentes.
Há contatos que você pode sacrificar.
Há contatos que você deve manter vivos.

Você deve usar todos os tipos de fontes de informação.
Se você fizer isso, ninguém desafiará seu conhecimento.
Você pode descobrir onde estão essas oportunidades excepcionais.
Essa informação é seu recurso mais valioso.

Você precisa conhecer seu mercado.
Você deve ter boas fontes em todo seu mercado-alvo.

Você precisa conhecer seus principais clientes.
Você deve conquistar outras pessoas nessas organizações.

¹⁵Você precisa de agentes duplos.
Descubra agentes inimigos e faça-os trabalhar para você.

¹⁷Você precisa de espiões descartáveis.
Engane os profissionais para que eles sejam capturados.
Deixe que eles conheçam suas ordens.
Então, eles levam suas ordens até o inimigo.

²¹Você precisa de espiões que sobrevivam.
Alguém tem de voltar com um relato da situação do inimigo.

Sua tarefa é formar um exército completo. 3
Nenhuma relação é mais íntima do que aquela
que se tem com os espiões.
Nenhuma recompensa é bastante generosa para os espiões.
Nenhuma atividade é mais sigilosa que a dos espiões.

⁵Se você não for astuto e inteligente, não pode ter espiões.
Se não for justo e honesto, não pode ter espiões.
Se não for capaz de apreender as sutilezas, não consegue obter a
verdade dos espiões.

⁸Preste atenção aos detalhes pequenos e insignificantes.
Os espiões são úteis em todas as áreas.

¹⁰Os espiões são os primeiros a saber e não devem
espalhar as informações.
Caso eles revelem sua localização ou se comuniquem com outras
pessoas, devem ser eliminados, assim como todos
os que falaram com ele.

A Arte da Guerra e Estratégia para Gerentes de Vendas

Você precisa de informações sobre seus concorrentes.
Você deve encontrar uma forma de aproveitar os canais de comunicação dos concorrentes.

Você precisa de contatos que podem sacrificar.
Você quer que seus piores vendedores mudem para a concorrência.
Dê-lhes informações que os façam parecer valiosos.
Você pode se livrar deles ao mesmo tempo em que ilude seus concorrentes.

Você precisa de contatos, com os quais pode construir relacionamentos duradouros.
Essas são as pessoas que obtêm informações fundamentais quando você precisa.

3 Um gerente de vendas deve criar uma equipe poderosa.
Você quer que suas melhores fontes de informação sejam seus amigos mais chegados.
Você deve recompensar aqueles que lhe trazem as melhores informações.
Você deve saber como manter as informações confidenciais.

Sua rede de informações vai se desintegrar se você usá-la de forma insensata.
Sua rede de informações vai se desintegrar se você abusar dela.
Sua rede de informações vai enganá-lo se você ignorar os pequenos detalhes.

Uma informação aqui, outra acolá pode ser muito valiosa.
Cultive uma grande variedade de canais de comunicação.

Você quer fontes de informação que sabem como guardar segredo e que apenas falem com você.
Você deve cortar as fontes de informação que discutem seus planos com outras pessoas.

Você pretende atacar o exército inimigo. 4
Pretende atacar determinada fortaleza.
Pretende matar pessoas em determinado local.
Em primeiro lugar, você precisa saber quem é o líder da guarnição.
Precisa conhecer o flanco esquerdo e o flanco direito do seu exército.
Precisa conhecer sua hierarquia.
Precisa saber como chegar até ele.
Deve saber onde as pessoas estão aquarteladas.
Essas informações devem vir dos seus espiões.

[10]Você quer conhecer os espiões do inimigo para arregimentá-los.
Você descobre fontes de informação e as suborna.
Você deve induzi-los a passar para o seu lado.
Você deve convencê-los a ser agentes duplos e usá-los como emissários.

[14]Faça isso de forma correta e cuidadosa.
Você pode entrar em contato com os espiões nativos e os espiões internos e obter o apoio deles.
Faça isso de forma correta e cuidadosa.
Você cria espiões descartáveis enganando-os.
Você pode usá-los para passar informações falsas.
Faça isso de forma correta e cuidadosa.
Você precisa ter espiões sobreviventes capazes de lhe trazer informações no momento certo.

4 Os gerentes de vendas devem obter informações específicas sobre as principais vendas.
Seus vendedores podem querer ganhar uma determinada conta.
Você pode querer tirar os concorrentes de um determinado mercado.
Você deve, em primeiro lugar, saber quem são os principais responsáveis pelas decisões.
Entenda quem influencia as decisões.
Conheça a organização dos concorrentes.
Conheça as melhores formas de atingi-la.
Entenda as responsabilidades de todas as pessoas.
Obtenha essas informações de seus vendedores.

Instrua seus vendedores para conquistar pessoas que passam informações para seus oponentes.
Premie seus vendedores quando eles fizerem esses contatos.
Seus vendedores devem obter o apoio dos amigos de seus oponentes.
Quanto mais relacionamentos positivos sua organização tiver com as pessoas que apóiam seus oponentes, mais forte ela será.

Ensine seus vendedores a serem cautelosos.
Você precisa de informações confiáveis nos mercados-alvo e nas contas-chave.
Desencoraje seus vendedores a acreditar em tudo o que ouvem.
Você quer que seus concorrentes contratem seus piores vendedores.
Você pode usá-los para influenciar o modo de pensar de seus concorrentes.
Esse é um assunto delicado.
Tenha relacionamentos de longo prazo com pessoas que sabem o que você precisa saber antes de você.

²¹São esses os cinco diferentes tipos de trabalho de espionagem.
Você precisa saber utilizá-los todos muito bem.
Precisa saber recrutar agentes duplos.
Você não pode se dar ao luxo de economizar para conseguir agentes duplos.

Essa técnica é que foi responsável pelo sucesso da antiga 5 dinastia Shang.
Foi assim que a dinastia Shang se manteve no poder.

³Você deve sempre zelar pelo seu sucesso.
Aprenda com Lu Ya da dinastia Shang.

⁵Seja um comandante inteligente e um bom general.
Você consegue isso usando os melhores e os mais brilhantes para fazer o trabalho de espionagem.
É assim que você conseguirá obter o sucesso máximo.
É assim que você vai servir às necessidades da guerra.
A posição de todo o exército e a habilidade de se deslocar depende desses espiões.

Há cinco tipos diferentes de canais de informação.
Como gerente de vendas, você deve ter domínio sobre todos eles.
Certifique-se de que conhece o que os seus oponentes estão pensando.
Você não pode investir muito tempo, esforço e dinheiro para entender as prioridades de seus oponentes.

5 Todas as grandes organizações de venda precisam de uma rede de informações.
É assim que elas têm sucesso ano após ano.

Você pode garantir o sucesso para seu departamento de vendas.
Aprenda com o sucesso dos outros.

Seus vendedores precisam que você esteja informado.
Os melhores vendedores são aqueles que valorizam e compartilham informações.
Grandes avanços em vendas acontecem apenas com boas informações.
É assim que você se mantém competitivo no mercado.
A posição de mercado de toda a empresa e o sucesso de seu departamento de vendas dependem das informações.

Sobre o Tradutor e o Autor

Gary Gagliardi é reconhecido como o maior especialista dos Estados Unidos na obra *A Arte da Guerra de Sun Tzu*. Autor e empresário premiado, é conhecido por sua capacidade de traduzir conceitos sofisticados em termos simples, fáceis de entender. Ele costuma aparecer em vários programas de entrevistas em todo o país, colocando as últimas notícias sob um prisma estratégico.

Gary começou a estudar o clássico chinês há mais de 30 anos, aplicando seus princípios primeiramente à sua própria carreira, depois para criar uma empresa de sucesso e, por fim, para treinar as maiores empresas do mundo para serem mais competitivas. Ele tem proferido palestras em todo o mundo sobre uma variedade de tópicos relacionados à competição, desde tecnologia moderna até história antiga. Seus livros foram traduzidos para muitas línguas, incluindo japonês, coreano, russo e espanhol.

Gary começou a usar os princípios sobre competição de Sun Tzu em uma carreira profissional de sucesso, mas abriu sua própria empresa de software. Em 1990, ele escreveu sua primeira adaptação de *A Arte da Guerra* para a equipe de vendas de sua empresa. Em 1992, sua empresa foi incluída na lista da revista Inc como uma das 500 empresas privadas dos Estados Unidos de maior crescimento. Depois de ganhar o Prêmio de Qualidade Blue Chip da Câmara de Comércio dos Estados Unidos e ter se tornado finalista do prêmio Empreendedor do Ano da Ernst and Young, os clientes de Gary – AT&T, GE e Motorola, entre outros – começaram a convidá-lo para dar palestras em suas conferências. Jardin's, a empresa de comércio original de Hong Kong, conhecida como "A Casa Nobre", se tornou um de seus parceiros e até concedeu-lhe a honra de detonar o canhão do meio-dia no litoral de Hong Kong. Depois de se tornar multimilionário quando vendeu sua empresa de software em 1997, continuou a ensinar *A Arte da Guerra* em todo o mundo.

Gary é autor de várias obras inovadoras sobre *A Arte da Guerra*. Em 1999, ele traduziu cada caractere chinês para demonstrar a simetria semelhante a uma equação do sistema. Em 2003, sua obra *The Art of War Plus – The Ancient Chinese Revealed* ganhou o Prêmio Independent Publishers como Melhor Obra de Não-Ficção Multicultural. Em 2004, sua adaptação das idéias de Sun Tzu para a área de marketing foi escolhida pelo Comitê de Premiação Ben Franklin como um dos três melhores livros de negócio. Em 2004, ele lançou um novo livro no qual explica muitos dos aspectos ocultos do texto de Sun Tzu, *The Art of War Plus – Its Amazing Secrets*, que foi escolhido como Título de Destaque pelo Independent Publishers.

Gary também escreveu várias outras adaptações de *A Arte da Guerra*, aplicando os métodos de Sun Tzu a temas como desenvolvimento de carreira, administração, pequenas empresas e até relacionamentos amorosos e relações entre pais e filhos.